La Gitanilla

NEW EDITION

La Gitanilla

Miguel de Cervantes

Adapted for intermediate students by

María de la Luz

National Textbook Company
a division of NTC/Contemporary Publishing Group
Lincolnwood, Illinois USA

The publisher would like to thank Guilherme P. Kiang-Samaniego for his contributions to this edition.

Cover art: Marcelino Truong
Interior illustrations: Marco Benetti

ISBN: 0-658-00569-3

Published by National Textbook Company,
a division of NTC/Contemporary Publishing Group, Inc.,
4255 West Touhy Avenue,
Lincolnwood (Chicago), Illinois 60712-1975 U.S.A.

Manufactured in the United States of America.

00 01 02 03 04 05 06 07 08 09 VP 0 9 8 7 6 5 4 3 2 1

Contents

Introduction

Miguel de Cervantes Saavedra, author of *El ingenioso Don Quijote de la Mancha,* and one of the greatest prose writers of all time, was the fourth child of a surgeon, Rodrigo Cervantes, and Leonor de Cortinas. Cervantes was born in the university town of Alcalá de Henares, Spain, in 1547.

While practically nothing is known of his childhood or youth, at the age of twenty-two Cervantes went to Italy, where he served a number of years in the Spanish army. In 1571 he fought in the great naval battle of Lepanto, which was waged in the Greek Gulf of Lepanto and successfully pitted Spanish, Vatican, Genoese, and Venetian ships against the Turks. Cervantes distinguished himself by his bravery and was shot in the chest and permanently maimed in his left hand.

In 1575, while sailing home to Spain from Palermo (Italy), he was captured by Turkish pirates, sold into slavery, and kept in prison in the North African city of Algiers until ransomed by his friends five years later. During his imprisonment, he bravely risked his life to save his fellow prisoners.

At the age of thirty-seven, Cervantes married Catalina de Salazar, who was only nineteen. Shortly after his marriage, he published his first work, a pastoral romance, *La Galatea*. During the next three years, he wrote twenty or thirty plays that met with some success; of these, only a few have survived.

In 1587 Cervantes worked in the commissary department of the Spanish government, collecting supplies for the Invincible Armada. After the defeat of the Armada by the English, he lived for a while in Seville, still in the employ of the government. While in Seville, he was twice imprisoned for mismanagement of funds.

Between the years 1600 and 1604, Cervantes wrote the first part of *Don Quijote*. Little is known of his life or whereabouts during that period; he was probably living either in Toledo or at the home of his wife in Esquivias, near Toledo. His wife did not accompany him during his travels through Spain.

After publishing the first part of *Don Quijote*, Cervantes spent two years in Valladolid, a city in northern Spain, and then moved from there to Madrid where he lived and wrote until his death in April 1616. This was the same month and year in which Shakespeare died.

The life of Cervantes was a long battle against poverty. Though as a soldier he fought bravely, he received no promotion from the ranks; consequently, his pay was always low. As a government employee he was both poorly and infrequently paid. While *Don Quijote* and other literary masterpieces brought him fame, he was just as poor after their publication as before. He was forever in debt and frequently found it necessary to borrow money from his friends for the barest necessities of life.

Novelas ejemplares (Exemplary novels) is a collection of twelve stories published by Cervantes at the ripe age of sixty-six. The stories depict life in early seventeenth-century Spain. In the prologue to this work, Cervantes claims to have been the first to write novels in Spanish, without having translated or copied them from another language. He called them *ejemplares* to point out there is always a lesson to be drawn from these short novels, which he intended to be didactic, or informative, as well as entertaining.

La Gitanilla is, perhaps, the most popular of Miguel de Cervantes's twelve *novelas ejemplares*. It is a story that combines both adventure and romance, which are always popular themes. Over the centuries, readers have delighted in the tale of Preciosa, the beautiful young gypsy, and don Juan de Cárcamo, a nobleman who, to prove his love for her, lives the life of a gypsy under the name of Andrés Caballero. While they roam through Spain, Andrés becomes a well-loved member of this company of gypsies. Both Andrés and Preciosa have their share of adventure, distress, and tribulation before the novel comes to an end.

The graceful language, elegant style, and narrative skill of the original have been faithfully preserved in this adaptation. To maintain the tone of the original, the *vosotros* form has been used throughout.

In this new edition, each of the short, manageable chapters into which the book is divided is preceded by a prereading activity that will encourage students to use their prior knowledge and critical thinking skills to make their own special connection to the novel. Likewise, each chapter is followed by a series of comprehension questions to ensure student understanding. Students will always be asked some general objective questions based on what is going on in the chapter and, after every five chapters, also will have to sequence events described in the reading. There is also a *¿Qué opinas?* section that appears after every chapter and promotes classroom discussion. The new, open design of this edition is more inviting to students, and the completely new illustrations are superb visual aids that will enhance their reading enjoyment. Archaic language has been modernized and difficult constructions have been simplified. Each chapter is thoroughly annotated; students will not be mystified by obscure cultural references. To avoid looking up unfamiliar terms in a dictionary, difficult vocabulary is glossed at the foot of the page and then recollected, along with other words, in the Spanish-English *Vocabulario* at the back of the book.

Tales eran su hermosura y discreción que fuera difícil hallar otra como ella.

Antes de leer: *¿Has oído hablar de los gitanos? Se solían decir muchas cosas acerca de ellos. ¿Puedes relatar alguna anécdota que te hayan contado? Fíjate si encuentras en el capítulo algo que ya hayas oído decir sobre los gitanos.*

1

Preciosa

Un viernes, víspera° de Santa Ana,* patrona y abogada de la villa, entró en Madrid un corro de gitanas, bailando seguidillas y cantando romances al son de castañuelas y sonajas,° que daba gusto oírlas. Las acompañaba una vieja embaucadora y embustera,° como es fama que lo son todos los gitanos; y formaba parte del corro de las jóvenes una de edad de quince años —nieta de la vieja según ella decía— y a quien todos por lo linda,° lo modosa° y discreta daban el nombre de Preciosa.

Iban todas, como de fiesta, limpias y bien arregladas, adornadas de mil faralás y peinecillos;° pero el aseo° de Preciosa era tal que enamoraba los ojos de cuantos la miraban. Tales eran su hermosura y discreción que fuera° difícil hallar otra como ella, no ya° entre las gitanas, sino entre cuantas hermosas y discretas pudiera pregonar la fama.°

Comprensión

A. Contesta las siguientes preguntas.

1. ¿Qué se celebraba ese viernes en la villa?
2. ¿Qué hacía el grupo de gitanas?
3. ¿Quién las acompañaba?
4. ¿Cómo era esta persona?

---

víspera eve
castañuelas y sonajas castanets and tambourines
embaucadora y embustera con artist and liar
por lo linda for her beauty
(por) lo modosa for her manners
faralás y peinecillos frills and little combs
aseo tidiness
fuera it would be
no ya not only
pudiera pregonar la fama (that) fame could proclaim

* Santa Ana is the mother of the Virgin Mary and patron saint of Madrid. Her birth is celebrated on July 26.

5. ¿Cómo se llamaba una de las gitanas que tenía quince años?
6. ¿Por qué le habían puesto ese nombre?
7. ¿Cómo iban vestidas las gitanas?
8. ¿Qué impresión causaba Preciosa en quienes la veían?

B. ¿Qué opinas?

1. Investiga acerca de la nación gitana. ¿Dé dónde son originarios? ¿De dónde proviene la palabra "gitano"? ¿Qué significa ser un pueblo "errante"? ¿Qué opinas tú de ese tipo de vida? ¿Cuáles te parece que son sus ventajas y desventajas?
2. Identifica los estereotipos relacionados al carácter y conducta de los gitanos. Comenta con la clase si crees que es justo generalizar una opinión acerca de un grupo entero de personas. ¿Conoces o has visto casos en los que se haya aplicado algún tipo de estereotipo?

Antes de leer: *Es probable que alguna vez hayas visto un espectáculo presentado por un individuo o grupo de individuos en una plaza u otro lugar público. ¿En qué consistía? ¿Puedes dar otros ejemplos de espectáculos que se presentan en lugares públicos? Cuando leas este capítulo, compara lo narrado aquí con espectáculos semejantes que podemos encontrar hoy en día.*

2

La danza

Aquel día se formó el corro en la calle de Toledo.* Se aprestaron a la danza cuatro gitanillas y un gitano, gran bailarín que las guiaba; repiqueteó° éste el tamboril y ellas las castañuelas y sonajas; y, en un momento, las vueltas ligerísimas de Preciosa, su garbo° y su donaire° llamaron la atención de cuantos pasaban por aquellos lugares. Los chicos corrían a verla, y los hombres a contemplarla; y para ella fue la joya y el premio de la mejor danza.° Cuando ella sola llegó a cantar delante de la imagen de Santa Ana el romance de los gozos de la santa, todos se deshacían en elogios y alabanzas° de la hermosa gitanilla y de su buena gracia.

Y en tanto,° el corro de gente que miraba la danza iba aumentando,° aumentando hasta haber en él° más de doscientas personas, con gran contentamiento de la vieja, que pedía limosna° mientras bailaban las gitanillas. La vieja veía llenarse el platillo una y otra vez° en una verdadera lluvia de cuartos y ochavos, que ésta era la moneda menuda de entonces. Y, cada vez que Preciosa acababa un romance, no faltaba entre el corro de admiradores uno que gritase:

—¡Vuelve a cantar,° Preciosilla, que mientras tú cantes no han de faltar° cuartos en el platillo!

---

repiqueteó rang
garbo gracefulness
donaire elegance
para ella fue . . . danza she took the honors as the best dancer
alabanzas praises
en tanto meanwhile
iba aumentando was growing larger
hasta haber en él until there was in it
limosna alms
una y otra vez again and again
Vuelve a cantar Sing again
no han de faltar there will be no lack of

* Toledo, a city in central Spain, was the former capital of the kingdom. Evidently, this street in Madrid was named for the former capital.

Y volvía a empezar la gitanilla enamorando a todos con su linda voz y su gracia sin par, mientras la gitana vieja, que de gozo no cabía en el pellejo,° veía aumentar la abundante cosecha de dineros.

Comprensión

A. Contesta las siguientes preguntas.

1. ¿Dónde se formó el corro de gitanos?
2. ¿Cuántos gitanos se aprestaron a bailar?
3. ¿Eran todas mujeres?
4. ¿Qué instrumento tocaban?
5. ¿Cuál de las gitanas llamó más la atención? ¿Por qué?
6. ¿Por qué iba aumentando la gente que venía a ver el baile?
7. ¿Cuántas personas llegó a haber en un momento?
8. ¿Por qué estaba contenta la vieja?

B. ¿Qué opinas?

1. Si ves a alguien dando un espectáculo en la calle, en una plaza o en una estación de tren o metro y te paras a ver el espectáculo, ¿sueles dejarle a la persona algún dinero? ¿Te parece justo que pidan dinero? ¿Te parece justo darles dinero?
2. Haz una investigación acerca de los orígenes de estas actividades artísticas populares que se presentan en calles, plazas y otros lugares públicos. ¿Crees que es una actividad reciente o muy antigua?

---

que de gozo . . . pellejo who was fairly bursting with joy

Antes de leer: *¿Qué significa ser generoso? Lee el texto y di cómo calificarías al paje-poeta según tu definición de generosidad.*

3

El paje

En esto,° salió del grupo de mirones° un paje° muy apuesto y galán° que, dirigiéndose a Preciosa y dándole un papel doblado, le dijo:

—Toma, Preciosilla, guarda este romance que aquí va, que lo he compuesto expresamente para ti; pues, aunque me ves vestido de paje, tengo la dicha de ser poeta; y, si mis versos no te desagradan, he de darte° de cuando en cuando mis romances más lindos para que cantándolos llegues a alcanzar° fama de ser la mejor romancera del mundo.

—De muy buena gana cantaré yo sus romances, señor poeta —contestó graciosamente y ceceando a lo gitano,° que esto en ellas no es natural, sino artificio—; y, con tal que sean° honestos, de muy buena gana los aprenderé, que, en leyéndolos un par de veces, ya me tiene su merced dispuesta a cantarlos.

—Pero, ¿sabes tú leer? —dijo uno del corro.

—¡Y escribir! —replicó la vieja—. ¡A mi nieta la he criado yo con más esmero° que si fuera° hija de un letrado!°

Iba en esto Preciosa a guardarse en el pecho el romance, cuando se desdobló el papel y cayó de él un escudo de oro.

—Si con este acompañamiento han de venir° sus romances —dijo la gitanilla—, traslade pronto a mi bolsillo todo el *Romancero General*.* Pero no —añadió—: quiero devolverle su presente al señor paje, que más milagro sería en un poeta dar un escudo que en mí recibirlo.

En esto Meanwhile
mirones onlookers
paje page
apuesto y galán handsome and elegant
he de darte I shall give you
alcanzar achieve
ceceando a lo gitano lisping after the gypsy fashion
con tal que sean provided they are
esmero careful attention
que si fuera than if she were
letrado lawyer
han de venir must come

* The *Romancero General* is a famous collection of Spanish poetry.

Fue a hacerlo como lo decía, pero inútilmente buscó al dadivoso° en el corro de mirones: el paje-poeta, como por encanto, había desaparecido.

Comprensión

A. Contesta las siguientes preguntas.

1. ¿Quién estaba en el grupo de mirones?
2. ¿Cómo era?
3. Además de paje, ¿qué era también el joven galán?
4. ¿Qué le dio a Preciosa?
5. ¿Qué había dentro del papel doblado?
6. ¿Qué pasó con la moneda cuando Preciosa desdobló el papel?
7. ¿Qué hizo Preciosa con la moneda?
8. ¿Encontró Preciosa al paje-poeta?

B. ¿Qué opinas?

1. ¿Te parece que la generosidad es dar lo que a uno le sobre? ¿Es relativa la generosidad? ¿Es más generosa la persona que da cuando tiene poco? ¿Crees que es también generosa la persona que no acepta un regalo de alguien que tiene poco, como lo hizo Preciosa?
2. En el relato, la gente se sorprende al oír que Preciosa sabe leer. Investiga el estado de analfabetismo de la época en España. Analiza la educación que se les daba a las mujeres en aquel entonces.

---

dadivoso generous one

Antes de leer: *¿Crees en el amor a primera vista? ¿Es posible enamorarse de alguien con sólo ver a la persona?* A *continuación verás si esto fue lo que le pasó a un joven galán al ver a Preciosa.*

4

El galán

El viernes siguiente muy de mañanita° volvían las gitanas a Madrid cuando, en un vallecito que hay unos quinientos pasos antes de llegar a la villa, les salió al encuentro° un galán caballero, por demás gallardo° y bien aderezado.° La espada y la daga que, al uso de° aquellos tiempos, llevaba al costado relucían como ascuas° de oro; pues, efectivamente, de oro y plata cubiertas de piedras preciosas tenían ambas la valiosa empuñadura.° Su traje era de terciopelo carmesí° con galones° de plata, y su sombrero estaba adornado con rico cintillo de diamantes y plumas de diversos colores.

El príncipe de un cuento de hadas° parecía; y, aun cuando las gitanas no suelen ser inclinadas a creer en fantásticas apariciones, no pudieron por menos de° maravillarse al ver tan bello mancebo° tan ricamente alhajado° a aquella hora, en aquel sitio, a pie y solo.

Pero su admiración creció inmediatamente cuando vieron al galán acercarse a la vieja y, sombrero en mano, decirle con mucha cortesía:

—Yo, señora mía, si me lo permitieseis,°* quisiera deciros aparte a vos y a vuestra nieta Preciosa, la gitanilla, dos palabras de las que creo no habrá de pesaros.°

---

muy de mañanita very early in the morning
les salió al encuentro there came forth to meet them
gallardo elegant
aderezado dressed
al uso de after the fashion of
ascuas embers
empuñadura hilt *(of a sword)*
terciopelo carmesí crimson velvet
galones *(decorative)* braids
cuento de hadas fairy tale
no pudieron por menos de could not but
mancebo young man
alhajado bejeweled
permitieseis allow
de las que . . . no habrá de pesaros for which you will not be sorry

**permitieseis:* This is the second-person familiar plural (*vosotros* or *vosotras*), used here to show respect. You will find this form used throughout the novel.

—Decid cuanto queráis° —contestó la vieja, toda acaramelada° al verse tratada con tanto miramiento por caballero tan principal—; decid cuanto queráis, con tal que no nos desviemos ni entretengamos° mucho, pues quisiera llegar a la Corte de buena mañana.°

Comprensión

A. Contesta las siguientes preguntas.

1. ¿Adónde iban las gitanas?
2. ¿Quién les salió al encuentro?
3. ¿Cómo era el caballero?
4. ¿Qué ropa traía?
5. ¿Qué llevaba al costado?
6. ¿Con quién quería hablar el galán?
7. ¿Cómo trató a las gitanas al dirigirse a ellas?
8. ¿Se negó la vieja a hablar con el caballero?

B. ¿Qué opinas?

1. ¿Por qué crees que se acercó el caballero a hablarles a la vieja y a Preciosa? ¿Qué crees que les dirá el joven galán?
2. El caballero se encuentra con las gitanas por casualidad. ¿Crees en el destino o la casualidad? ¿Puedes relatar alguna experiencia tuya que haya resultado de una situación casual, como un encuentro inesperado o una coincidencia?

Decid cuanto queráis Say all you wish
acaramelada sweet
entretengamos delay
de buena mañana early in the morning

Antes de leer: *¿Crees que el que persevera alcanza? Al leer este pasaje, verás lo perseverante que ha sido el caballero.*

5

El discurso del enamorado

Llamando a su nieta, la vieja y la gitanilla se apartaron de las otras gitanas unos veinte pasos. El galán caballero, sin dejar un instante de mirar a Preciosa, y un tanto azorado,° como es de rigor° en todo cumplido enamorado, hizo así su discurso:

—Yo, señoras[1] mías —que así he de llamaros° siempre, pues Preciosa por lo bella y honesta,° y vos por ser su abuela, para mí lo sois y muy altas°—; yo, señoras mías, llevo esperándoos aquí desde el alba, y hace siete días que no he dejado uno de venir a esperaros en este mismo sitio.° Vi a Preciosa el pasado viernes en Madrid, y de tal modo quedé prendado° de su hermosura que, aunque por ser ella gitana° he intentado olvidarla, no he conseguido sino avivar más el fuego de mi amor. Soy noble caballero. Es mi nombre don Juan de Cárcamo y es mi padre el ilustre Conde de Cárcamo, cuyo palacio, caballerizas, tierras, escudos de nobleza y cuantiosa fortuna serán un día para mí. Pues bien: todo ello me parece poco para ponerlo con mi amor a los pies de Preciosa, que mi deseo fuera de ser rey° o emperador o dueño del mundo para regalarle un mundo, un imperio o un reino. Y, como presente para vos,[2] buena mujer, aquí van estos cien escudos de oro, que no ha de negar la hacienda el que da el alma.°

---

azorado distraught
de rigor obligatory
he de llamaros I shall call you
por lo bella y honesta on account of her beauty and modesty
para mí lo sois y muy altas to me you are ladies and very great ones
hace siete días . . . mismo sitio I have come to await you at this same place every day for the past seven days
quedé prendado remained captivated
por ser ella gitana on account of her being a gypsy
que mi deseo fuera de ser rey for I wish I were a king
que no ha de negar la hacienda el que da el alma for the one who gives his heart should not withhold his wealth

[1] At the time, *señora* was a form of address reserved for women of the nobility.

[2] *para vos:* This is the archaic form of the familiar, singular form of the word *you*. It denotes respect.

Iba ya a contestar la vieja, entusiasmada por la calidad del pretendiente y aun más por el brillo del oro cuando la gitanilla, que había escuchado atentamente el discurso del caballero, la interrumpió diciendo:

—Perdóneme, abuela, y deje que sea yo quien responda° a este tan enamorado señor.

Comprensión

A. Contesta las siguientes preguntas.

1. ¿A quién llamó la vieja?
2. ¿Qué hicieron ella y la gitanilla?
3. Cuando les habló el caballero, ¿por qué las trató de "señoras"?
4. ¿Cuánto llevaba esperando el caballero en ese lugar?
5. ¿Cómo se llamaba el caballero?
6. ¿Quién era? ¿Quién era su padre?
7. ¿Qué le dio don Juan a la vieja gitana?
8. ¿Qué dijo la vieja a don Juan?

B. Pon en orden cronológico (1–10) los siguientes sucesos de los Capítulos 1–5.

___ La gitanilla canta los gozos de Santa Ana frente a la imagen de la santa.
___ Don Juan declara su amor por Preciosa.
___ Al desdoblar el papel, Preciosa descubre una moneda de oro.
___ Don Juan regala cien escudos de oro a la vieja gitana.
___ El corro de gitanos entra en Madrid un viernes, víspera de Santa Ana.
___ Un paje da a Preciosa un papel doblado.
___ El viernes siguiente volvían las gitanas a Madrid.
___ El caballero pide hablar con Preciosa y su abuela.
___ Un caballero les sale al encuentro a las gitanas cuando volvían a Madrid.
___ Preciosa busca al paje para devolverle la moneda pero no lo encuentra.

---

deje que sea yo quien responda let me reply

C. ¿Qué opinas?

1. Según los días que había venido a esperar a las gitanas y al tiempo que llevaba esperándolas ese día, ¿dirías que don Juan estaba muy interesado en la gitanilla? ¿Crees que ha sido perseverante el caballero?
2. De acuerdo a lo que has leído, ¿te parece que las intenciones de don Juan son buenas? ¿Por qué? ¿Qué hechos confirman tu opinión?

Antes de leer: *¿Es cierto que nada se consigue sin esfuerzo en este mundo? ¿Conseguirá el caballero fácilmente lo que desea? ¿Qué piensas tú que le va contestar Preciosa? ¿Va a aceptar en seguida la oferta del galán?*

6

El discurso de Preciosa

—Responde lo que quieras, nieta —asintió la vieja—, que tú sabes más que un colegial° de Salamanca.*

Y dijo Preciosa:

—Ha de saber° el señor caballero que a mí, aunque gitana, pobre y humildemente nacida, no me desvanecen° promesas ni me inclinan dádivas° ni me espantan° finezas de enamorados. Antes bien, soy de por mí un tanto desconfiada y sé perfectamente estas dos cosas: que los enamoramientos repentinos° suelen irse tan deprisa como vinieron, y que no es lo corriente que un noble señor, hijo de condes y emparentado con marqueses, se case con una gitanilla sin más caudal° ni más ejecutoria° de nobleza que los ojos que tiene en la cara —y que algunos afirman son lindos—, los embelecos° que su abuela le enseñó y la buena maña° que Dios le dio para bailar seguidillas, decir buenaventuras° y cantar romances. Y, porque así lo sé, aunque agradezco mucho ese mundo y ese imperio y ese reino que el señor caballero quiere poner a mis pies, tengo que declararle que mi amor no ha de darse sino al que un día pueda ofrecerme su nombre y su mano de esposo.

—Ésa y no otra es mi intención, Preciosilla —interrumpió el galán, tan embelesado° del bello decir y discreto hablar de la gitanilla como en principio lo estuviera de su hermosura—; y, si quieres saber cómo es verdad cuanto te he dicho, pregunta en Madrid por el palacio de mi padre, que

---

colegial college student
Ha de saber (The gentleman) ought to know
desvanecen undo
dádivas gifts
espantan frighten
repentinos sudden
caudal wealth
ejecutoria pedigree
embelecos frauds
maña skill
buenaventuras fortunes
embelesado infatuated

* Salamanca, a city in northern Spain, is home to one of the oldest universities in the Western world. The school was founded in the early thirteenth century. At the time that Cervantes wrote this novel, it was the most prestigious university in Spain.

su nombre y el mío son conocidos en toda la Corte. Y, si quieres probar la lealtad y la firmeza de mi amor, pon tú misma una prueba,° que, por dura que sea,° yo me consideraré dichoso° con llevarla a término.

Comprensión

A. Contesta las siguientes preguntas.

1. ¿Dejó la vieja gitana hablar a Preciosa?
2. ¿Qué opina la abuela de la sabiduría de Preciosa?
3. ¿Se describe Preciosa a sí misma como persona desconfiada o confiada?
4. ¿Qué opina ella de los enamoramientos repentinos?
5. ¿A Preciosa le parece que es normal que un noble se case con una gitana?
6. ¿A quién dijo Preciosa que daría su amor?
7. ¿Qué impresión causó al caballero lo que dijo Preciosa?
8. ¿Qué propuso el caballero para demostrar sus buenas intenciones?

B. ¿Qué opinas?

1. ¿Crees tú que las diferencias sociales o económicas son impedimento para que la gente se case? Explica por qué.
2. ¿Te parece bien poner pruebas a la gente para comprobar su amistad, lealtad o amor? ¿A ti te han puesto alguna vez pruebas sin que tú supieras? ¿Dirías que esto es algo justo o que es señal de desconfianza?

---

pon . . . una prueba require a proof **por dura que sea** however hard it may be **dichoso** fortunate

Antes de leer: *¿Alguna vez has hecho un sacrificio por alguien o alguien ha hecho un sacrificio por ti? ¿Crees que el sacrificio que hace una persona por otra es prueba suficiente de su amor? En este pasaje verás si el caballero está dispuesto a sacrificarse por Preciosa.*

7

La prueba

No pudo menos de sonreír° satisfecha la hermosa gitanilla.

—Acepto —dijo después de pensarlo un momento—. Pero, primeramente, he de enterarme° si sois el que decís, y después que yo sepa que habéis dicho verdad, tendréis que dejar el palacio de vuestros padres, abandonar lujos y riquezas, brocados, terciopelos y plumas, para vestiros a lo gitano° y venir a nuestros ranchos° a seguir nuestra vida errante —que es para mí la mejor del mundo— dejando durante dos años de ser don Juan de Cárcamo para convertiros en el gitano Andrés Caballero. Si, pasados estos dos años, no estáis cansado y más que cansado del gitanismo y de Preciosa la gitana, mi mano y mi cariño serán el premio de tanto sacrificio y de tanta constancia.

Respondió el caballero:

—Nunca imaginé que pudieras pedirme lo que me pides, Preciosilla; pero, si ése es tu gusto, cuenta que desde ahora es también el mío. Dame no más ocho días de término° para arreglar algunos asuntos° en la Corte y despedirme de mis padres, a quienes diré que marcho a pelear a Flandes;* y el viernes próximo a esta misma hora, yo te juro por la cruz de mi espada que estaré en este mismo sitio, dispuesto a no separarme nunca más de tu lado y a quitarme de encima° plumas, sedas

---

No pudo menos de sonreír She could not help smiling
he de enterarme I must find out
a lo gitano like a gypsy
ranchos camps
Dame . . .término Just give me a week's time
asuntos matters
a quitarme de encima to remove

* *Flandes:* Flanders was roughly the territory comprised today by the Netherlands, Belgium, and Luxembourg. Flanders was part of the Spanish empire and was frequently rebelling against Spanish rule.

y terciopelos para convertirme en Andrés Caballero, el gitano más gitano° de todo el gitanismo.

Y, dando a la vieja una bolsita de rojo brocado, en la que iban los cien escudos de oro —que la vieja se apresuró a guardarse, a pesar de los ruegos de Preciosa, que no quería que los tomara—, arrojando° a las otras asombradas gitanillas un puñado° de monedas de plata y enviando a Preciosa el corazón en una amorosa mirada, montó en un caballo que en un soto° cercano le aguardaba, picó espuelas° y a todo galope desapareció camino de Madrid.

Comprensión

A. Contesta las siguientes preguntas.

1. ¿Aceptó Preciosa ponerle una prueba a don Juan?
2. ¿Qué haría ella antes que nada?
3. ¿Qué proponía Preciosa que hiciera don Juan?
4. ¿Por cuánto tiempo tendría él que vivir con los gitanos?
5. ¿Qué premio recibiría el caballero si cumpliera la prueba?
6. ¿Aceptó don Juan la prueba? ¿Qué le diría a sus padres?
7. ¿Qué prometió don Juan a Preciosa?
8. ¿Qué dio don Juan a las gitanas?

B. ¿Qué opinas?

1. ¿Te parece muy dura la prueba que puso Preciosa al caballero? ¿Por qué? ¿Crees que Preciosa se quiere burlar de don Juan o tiene ella buenas intenciones? Explica.
2. ¿Es justificable que don Juan mienta a sus padres? ¿Opinas que es un poco egoísta la prueba que propone Preciosa considerando que va a afectar a tanta gente?

---

el gitano más gitano the "gypsiest" gypsy
arrojando throwing
puñado handful
soto grove
picó espuelas spurred

Antes de leer: *¿Crees que Preciosa desconfía del caballero y que va a ir a comprobar si en realidad es quien dice ser? ¿Harías tú lo mismo?*

8

Vuelve el paje

En cuanto llegaron las gitanas a la Corte, toparon con° aquel famoso paje que el viernes anterior había dado a Preciosa un escudo de oro dentro de un romance.

—¿Podríais decirme, señor poeta, dónde habita un caballero, conde o marqués a quien llaman don Juan de Cárcamo? —le preguntó la gitanilla.

—Puedo decírtelo —le respondió el paje-poeta—, pero antes has de decirme° tú a mí si fue de tu gusto el romance que el otro día tuve la dicha de ofrecerte, y has de tomarme este sonetico que para ti he compuesto.

—Lo tomaré con mucho gusto, que son muy de mi agrado vuestros versos; pero lo tomaré sin acompañamiento, que por poeta os quiero y no por dadivoso.

Dijo la gitanilla y, guardándose el soneto en el pecho, devolvió al paje el escudo de oro que, como en el romance anterior, iba escondido dentro del papel. Enteróse° después de las señas° del palacio que tanto le interesaba saber y que, por ser de tan nobles señores, era conocido por todos; y se despidió del poeta, prometiéndole que su lindo romance sería el primerito que ella cantase. Con lo cual quedó el paje contentísimo creyendo tener ya a Preciosa rendida,° pues se había mostrado tan amable con él.

No quiso Preciosa detenerse a bailar en ninguna parte hasta llegar, con las señas que el paje le diera, delante del palacio de Andrés (que así llamaremos al galán desde ahora), el cual reconoció por su magnificencia y por sus balcones de hierro dorado, que, como un ascua, brillaban al sol.

---

toparon con ran into
has de decirme you ought to tell me
Enteróse She found out
señas address
rendida conquered

Comprensión

A. Contesta las siguientes preguntas.

1. ¿Con quién se encontraron las gitanas?
2. ¿Qué le preguntó Preciosa?
3. ¿Le contestó en seguida el paje-poeta? ¿Qué quería saber primero?
4. ¿Qué le ofreció a Preciosa?
5. ¿Aceptó Preciosa el romance con el dinero? ¿Qué hizo?
6. ¿Se enamoró Preciosa del paje-poeta? ¿Y el paje-poeta de Preciosa?
7. ¿Adónde se dirigió Preciosa después de hablar con el paje-poeta?
8. ¿Era conocido el palacio? ¿Lo encontró? ¿Cómo era?

B. ¿Qué opinas?

1. ¿Por qué piensas que Preciosa tiene tanto interés en conocer el palacio de don Juan? ¿Te parece que la gitanilla está realmente enamorada del caballero o nada más le interesa su dinero y posición social?
2. ¿Crees que es importante considerar el aspecto económico o social al elegir pareja? ¿Te parece que sólo las personas interesadas toman esto en cuenta? Comparte tus ideas con tus compañeros de clase.

Antes de leer: *Ahora que Preciosa ha llegado a casa de don Juan, ¿qué crees que hará? ¿Qué harán la vieja y las otras gitanas? ¿Te parece prudente haber ido al palacio de don Juan?*

9

En casa del galán

Allí sí° que Preciosa se paró y repiqueteó las castañuelas de lo lindo° y, haciéndose acompañar del tamboril y las sonajas, cantó con su voz de perlas el más saleroso° de todos sus romances. Claro está que en seguida y tal como ella lo esperaba, se abrieron los balcones del palacio, y al principal de ellos se asomó° un caballero anciano con la cruz de Calatrava* en el pecho, que Preciosa reconoció ser —por las señas que el paje le diera— el Conde, padre de su enamorado galán.

—¡Subid, niñas, que aquí os darán limosna! —les gritó el anciano. Y a esta voz se asomaron al balcón otros tres caballeros, uno de los cuales era Andrés, quien, al ver a Preciosa, tuvo tan gran sobresalto° que perdió el color y estuvo a punto de perder el sentido.

Y, con gran contentamiento de la gitanilla, subieron todos al palacio, menos la vieja, que se quedó enterándose por los criados de si era verdad cuanto les había dicho el caballero.

Al entrar las gitanillas en el salón, decía el caballero anciano a los demás:

—Ésta debe ser la hermosa gitanilla que dicen anda cantando y bailando por Madrid.

—Ella es —replicó Andrés—; y, sin duda, es la criatura más hermosa que se ha visto en la Corte.

Allí sí There indeed
de lo lindo beautifully
saleroso witty
se asomó appeared
sobresalto surprise

* The order of Calatrava was a military order of knights established in the twelfth century. King Sancho III of Spain conferred on the town of Calatrava (in the region of Ciudad Real) the mission of defending itself against the Moors. The Moors invaded Spain in 711 and occupied much of the country—often living in harmony with Christians and Jews—until they were finally expelled from the country in 1492. The cross the count is wearing indicates he was a knight belonging to this prestigious order.

—Eso dicen algunos —replicó Preciosa, que entraba en aquel momento—; pero, sin duda, se engañan, que, aunque fea del todo° no me creo, tampoco me tengo por tan hermosa como dicen sus mercedes.°

—Por vida de° mi hijo don Juanico —dijo el anciano—, que aun eres más bella de lo que dicen, linda gitana.

—¿Y quién es su hijo don Juanico? —preguntó Preciosa.

—Ese galán que está a tu lado —repuso el anciano caballero.

—En verdad pensé —dijo Preciosa con mucha gracia— que se trataba de un niño de dos años. Miren el don Juanico, que bien pudiera estar ya casado y que no tardará tres años en estarlo, si no cambia de gusto y si no mienten ciertas rayas que le observo en la frente.

Comprensión

A. Contesta las siguientes preguntas.

1. ¿Dónde se paró Preciosa y empezó a bailar y a cantar?
2. ¿Qué ocurrió en ese momento?
3. ¿Quién se asomó al balcón principal?
4. ¿Cómo era el Conde y qué llevaba en el pecho?
5. ¿Qué les dijo el Conde?
6. ¿Quiénes se asomaron luego al balcón?
7. ¿Por qué la vieja se quedó abajo?
8. ¿Dijo Preciosa que conocía a don Juan? ¿Por qué?

B. ¿Qué opinas?

1. ¿A qué se refería Preciosa cuando dijo a don Juan que en menos de tres años estaría casado si no cambiaba de gusto? ¿Te parece prudente la actitud de Preciosa o crees que es más astuta que prudente?
2. ¿Qué opinas del hecho de que la vieja se quedó abajo a averiguar la vida de la familia de don Juan? ¿Hubiera averiguado más de los señores de la casa o de los criados? ¿Por qué?

---

fea del todo utterly ugly **sus mercedes** your honor **Por vida de** By the life of

Antes de leer: *¿Crees que Preciosa revelará que conoce a don Juan? ¿Qué razón puedes dar? ¿Dirán las otras gitanillas que lo conocen? ¿Qué crees?*

10

La buenaventura del galán

Entretanto, las otras gitanillas cuchicheaban° entre sí de este modo en un rinconcito del salón:

—Muchachas, éste es el galán, el príncipe encantado que nos echó aquella lluvia de plata esta mañana.

—Sí que lo es,° pero no le nombremos ni le descubramos, si él no se descubre. ¿Quién sabe los motivos que puede tener para ocultarse?

Y Preciosa, a ruego de todos los presentes, decía así la buenaventura a su galán:

—Lo que veo con los ojos, con el dedo lo adivino; yo sé del señor don Juanico que es algo enamoradizo y prometedor de cosas que parecen imposibles; y Dios quiera que no sea mentiroso,° que eso sería lo peor de todo. Y sé que en este momento está pensando en hacer un viaje; pero tenga cuidado no vaya a equivocarse de camino. Sosiéguese,° sosiegue un poco esa cabeza, alborotadito,° y . . . "antes que se case, mire bien lo que hace",[1] y por Dios y por su dama, dé, señor, una limosnita a las gitanas y no haga caso mayor° de sus buenaventuras, que el que habla mucho y a bulto,° muy a menudo se equivoca.

Respondió el galán:

—Es verdad, gitanilla, que tu buenaventura me acierta° muchas cosas. No soy enamoradizo, pero sí enamorado, y a hacer un viaje me preparo: pues dentro de ocho días debo partir a la guerra de Flandes. Mas no soy

---

cuchicheaban whispered
Sí que lo es Indeed it is he
Dios quiera que no sea mentiroso God grant that he may not be a liar
Sosiéguese Calm yourself
alborotadito restless
no haga caso mayor don't pay attention
a bulto haphazardly
acierta is correct

[1] *antes que se case . . .* is an old Spanish proverb that means "Look before you leap."

mentiroso, que no puede serlo el que por noble caballero se tiene, y "palabra que doy por la mañana, mantengo por la tarde",[2] y "lo que prometo en el campo lo cumplo en la ciudad".[3] En cuanto a la limosna, mi padre habrá de dártela por Dios y por mí, que esta mañana di cuanto tenía a unas damas tan lisonjeras° como hermosas.

Claro está que todo esto lo decían uno y otro refiriéndose a lo que entre ellos había pasado aquella mañana, pero ninguno de los presentes lo entendía sino ellos dos y las gitanillas que en el rinconcito seguían cuchicheando de este modo:

—¡Ay, niñas! Que me maten° si eso no lo dice el galán por la lluvia de plata que nos echó esta mañanita.

—¡No, tonta! ¿No ves que habla de unas damas y nosotros no lo somos?

—No lo somos, pero él lo dice por galantería.

Comprensión

A. Contesta las siguientes preguntas.

1. ¿Reconocieron las gitanillas a don Juan?
2. ¿Qué decidieron hacer?
3. ¿Qué le pidieron a Preciosa que hiciera?
4. ¿A quién dijo la buenaventura?
5. ¿Qué dijo Preciosa que haría don Juan en el futuro?
6. ¿Qué contestó él?
7. ¿Qué le pidió Preciosa al joven caballero?
8. ¿Se dieron cuenta los presentes de que ya se había visto don Juan con las gitanas?

---

lisonjeras pleasing

Que me maten May I drop dead *(literally, May they kill me)*

[2] *palabra que doy* . . . is an old Spanish proverb that means "My word is my bond."

[3] *lo que prometo* . . . is an old Spanish proverb that means "A promise made is a promise kept."

B. Pon en orden cronológico (1–9) los siguientes sucesos de los Capítulos 6–10.

___ Preciosa acepta ponerle una prueba a don Juan.
___ Las gitanas se vuelven a encontrar con el paje-poeta.
___ Preciosa pregunta al paje-poeta dónde vive don Juan de Cárcamo.
___ Don Juan asegura a Preciosa de sus buenas intenciones y pide que le ponga una prueba.
___ Don Juan acepta la prueba y pide ocho días de plazo para arreglar unos asuntos.
___ Preciosa llega al palacio de don Juan y se pone a bailar y a cantar.
___ Preciosa duda de la declaración de amor de don Juan.
___ El padre de don Juan invita a Preciosa y a las otras gitanas a subir al palacio.
___ El paje-poeta regala un soneto a Preciosa.

C. ¿Qué opinas?

1. Cuando Preciosa pide dinero al caballero, ¿crees que lo hace por codicia o para distraer a la gente para no se dé cuenta de que él y ella ya se conocen? Explica por qué.
2. Don Juan dice a Preciosa que no es mentiroso. ¿Estás de acuerdo con lo que dice? ¿Por qué?

Antes de leer: *¿Sirven para algo los celos? ¿Es conveniente estar un poco celoso (o celosa) de vez en cuando? Lee el pasaje y analiza cómo reacciona don Juan ante una posible sospecha.*

11

El galán se pone celoso

Después de esto, aprestáronse las gitanas al baile, repiqueteó Preciosa las castañuelas y se lanzó a trenzar y destrenzar° con sus pies de hada aquella seguidilla gitana de que ya se hablaba en corros por todo Madrid. Mas sucedió que, en la ligereza de las vueltas y revueltas, se le cayó del pecho° aquel papel que momentos antes le diera el paje enamorado.

Lanzóse Andrés a coger el papel, a pesar de los ruegos de Preciosa, y leyó los primeros versos, que decían así:

> Cuando Preciosa el panderete toca,
> Y hiere el dulce son los aires vanos,°
> Perlas son que derrama° con las manos,
> Flores son que despide con la boca. . .

—¡Por Dios —dijeron todos—, que tiene donaire el poeta que lo escribió!

Pero Andrés no leyó más. Que era celosito° el galán; y, al leer, tan amorosas palabras, mil imaginaciones le sobresaltaron; y, al pensar que Preciosa pudiera tener otro amor, perdió el color y tuvo que apoyarse° para no caer. Todos acudieron° alarmados a sostenerle, pero Preciosa los contuvo diciendo:

—Espérense, señores, déjenme a mí decirle dos palabritas mágicas al oído y verán cómo no se desmaya.°

Y, acercándose a él, le dijo casi sin mover los labios: —¡Gentil ánimo° para gitano! ¿Cómo podrá soportar a la rudeza de nuestra vida errante el

---

se lanzó a trenzar y destrenzar launched forth in turns and counterturns
se le cayó del pecho there fell from her bosom
Y hiere el dulce son los aires vanos And the sweet music strikes the vain breezes
derrama sheds, spills
celosito rather jealous
apoyarse support himself
acudieron came
se desmaya faint
ánimo courage

que a la vista de un papel se desmaya? ¿Y qué confianza le merece la gitanilla al que de una alabanza en verso siente celos?

Después le hizo media docena de cruces sobre el corazón y se apartó de él; y Andrés respiró, recobró el color y aseguró que ya estaba bien del todo.

Dio el anciano Conde a las gitanillas no un doblón, sino tres, que ellas se repartieron.

El galán quedó maravillado del ingenio° y agudeza° de la gitanilla, y el Conde, su padre, encantado de su gracia y hermosura. Y, como era tarde y ya la vieja llamaba desde abajo a las muchachas, despidiéronse éstas de los señores y salieron muy satisfechas del palacio.

Ya no bailaron más por Madrid aquel día, que la ganancia había sido grande y de ella estaban las gitanas contentas y gozosa la vieja. Y Preciosilla no cabía en sí de dicha° camino de su rancho: que, si° días atrás la acompañaba la fama y el halago° de verse celebrada, ahora su felicidad era más honda:° llevaba consigo el pensamiento y el amor del apuesto doncel,° del noble caballero que iba pronto a dejar su palacio y sus riquezas para convertirse, por su amor, en gitano.

Comprensión

A. Contesta las siguientes preguntas.

1. ¿Qué sucedió durante las vueltas que daba Preciosa al bailar?
2. ¿Quién recogió el papel?
3. ¿Qué hizo el caballero?
4. ¿Quién le había dado el papel a Preciosa?
5. ¿Qué dijeron los presentes del poema?
6. ¿Cómo reaccionó don Juan?
7. ¿Qué le dijo la gitanilla para calmar los celos de don Juan?
8. ¿Quedó contento el Conde al ver recuperado a su hijo? ¿Qué hizo?

---

ingenio talent
agudeza sharpness
no cabía en sí de dicha was bubbling over with happiness
que, si for if
halago flattery
honda deep
apuesto doncel handsome young man

B. ¿Qué opinas?

1. ¿Tiene razón para estar celoso don Juan o crees que exagera? ¿Por qué?
2. ¿Qué ejemplos puedes mencionar de este pasaje que muestran la prudencia e ingenio de Preciosa? Compara tus ejemplos con los de tus compañeros de clase.

Antes de leer: *¿Sueles cumplir tus promesas o crees que no es tan grave si no lo haces? ¿Crees que don Juan cumplirá lo que prometió a Preciosa? En seguida lo verás.*

12

En el rancho de los gitanos

Pasaron otros ocho días, y en el punto y hora prometidos reapareció el galán ante Preciosa y su abuela, que estaban esperándole. Iba vestido con más sencillez que el primer día, sin acompañamiento de ningún criado y montado en mula de alquiler; pero no le faltaba el cintillo de diamantes en el sombrero, ni al costado la espada y la daga con empuñadura de oro y plata, adornada de piedras preciosas.

Mucho se alegró al verle el corazón de la gitanilla; pues, aunque gustaba de mostrarse esquiva,° no podía por menos de sentirse inclinada a amar a tan gentil caballero y a agradecer con el alma sus finezas. Y aun alguna que otra vez° en aquellos ocho días le había parecido todo un sueño y había pensado que era aquélla demasiada dicha° para una pobre gitanilla.

Mas era lo cierto° que ahora tenía ante sí° a su galán enamorado y rendido; y, rogándoles a ella y a la vieja que le condujesen° cuanto antes a su campamento, no fuera caso° que le hubiesen seguido° y pudiera el Conde, su padre, enterarse de la aventura.

Así lo hicieron ellas. Condujéronle a su barraca° y allí le dieron ropa con que pudiera vestirse a lo gitano. Después le llevaron a donde ya le esperaba reunida toda la gitanería y le presentaron con el nombre de Andrés Caballero a los que habían de ser° sus compañeros.

¡Fueron de ver° los agasajos° que le hicieron todos! No sabían dónde ponerle, y más cuando vieron que repartía entre ellos el rico cintillo de diamantes y la daga y el magnífico traje, que, de cuanto llevaba puesto°

---

esquiva aloof
alguna que otra vez from time to time
dicha happiness
Mas era lo cierto But it was certain
ante sí before her

condujesen take
no fuera caso lest
le hubiesen seguido they follow him
barraca shack
habían de ser were to be

Fueron de ver You should have seen
agasajos tokens of esteem
que, de cuanto llevaba puesto for of all he wore

al entrar en el rancho, sólo guardó la espada para volverla a ceñir° el día que quisiera recobrar su condición de caballero. Todo aquel día fue de fiesta en el rancho. Celebróse con ella la entrada del nuevo compañero y no faltaron las extrañas ceremonias acostumbradas por los gitanos en tal caso.

Comprensión

A. Contesta las siguientes preguntas.

1. ¿Cumplió su palabra el galán? ¿Fue puntual?
2. ¿Quiénes estaban esperándolo?
3. ¿Cómo venía vestido? ¿Sobre qué estaba montado?
4. ¿Cómo reaccionó Preciosa al verle?
5. ¿Qué pidió el caballero a la vieja y a la gitanilla? ¿Por qué?
6. ¿Cómo recibieron los gitanos al caballero?
7. ¿Qué hizo don Juan con la ropa y las joyas que traía?
8. ¿Por qué guardó la espada?

B. ¿Qué opinas?

1. ¿Sueles confiar en las promesas de la gente? ¿Crees que las personas hoy en día no son muy fiables? ¿Por qué crees que en muchas ocasiones es necesario poner las cosas por escrito? Da ejemplos.
2. ¿Te parece que don Juan va a superar la prueba que le pide Preciosa? ¿Qué razones puedes dar?

---

para volverla a ceñir to strap it on again

Desde aquel día no hubo entre toda la gitanería gitano más cabal y cumplido que Andrés.

Antes de leer: *¿Alguna vez te has tenido que mudar e ir a vivir a otro lugar? ¿Te fue difícil adaptarte a tu nueva casa y a tu nuevo colegio? ¿Cómo crees que los gitanos irán a recibir a don Juan? ¿Podrá el caballero acostumbrarse a su nueva vida?*

13

Las ceremonias

Limpiaron muy bien la mejor barraca del campamento, la adornaron con ramas y flores y banderolas° de papel, y en el centro de ella sentaron a Andrés sobre medio alcornoque.° Le pusieron en las manos un martillo° y unas tenazas° y, al son de dos guitarras que dos gitanos tañían, le hicieron dar dos cabriolas.° Luego le desnudaron un brazo y con una cinta nueva de seda y un martillo le dieron dos vueltas blandamente.°

A todo esto se hallaban presentes Preciosa y otras muchas gitanas jóvenes y viejas; y todas miraban a Andrés con maravilla y con amor, pues era tal su gallardía° que hasta los gitanos se sintieron prontos a quererle como a un hermano.

Terminadas estas ceremonias y antes de empezar el baile, un gitano viejo que era el jefe de todos tomó a Preciosa por la mano y, poniéndola delante de Andrés, dijo así:

—Esta muchacha, que es la flor y nata° de todas las gitanas de España, nosotros te la entregamos hoy por amiga y prometida, para que el día que tú quieras y ella no se oponga —que la libertad es lo primero— la tomes, como Dios manda, por esposa. Mírala bien; y, si encuentras en ella algo que no te agrade, escoge entre las otras gitanillas la que sea más de tu gusto, que la que tú escogieres te daremos. Pero fíjate bien, que una vez escogida, no puedes dejarla por otra; pues entre nosotros es sagrada la ley de la amistad y, aunque para los demás seamos embusteros y tramposos,° dentro del rancho sabemos cumplir nuestra palabra. Por

---

banderolas streamers
medio alcornoque stump of a cork tree
martillo hammer
tenazas tongs
le hicieron dar dos cabriolas they made him give two leaps
le dieron dos vueltas blandamente they gently turned it twice
gallardía gallantry
flor y nata cream of the crop
tramposos cheaters

otra parte, has de saber que, aunque seas hijo de conde o de marqués y dejes en tu casa comodidades y riquezas, no habrás gustado ni gustarás jamás vida mejor que ésta que hoy empieza para ti. Pues nosotros somos reyes de los campos, de los sembrados,° de las selvas, de los montes, de las fuentes y de los ríos. Los montes nos dan leña° y caza de balde,° los árboles fruta, las fuentes agua y los ríos peces. Para nosotros son los duros terrenos como blandos colchones de plumas. Y nada nos importan las inclemencias del cielo, ni las nieves, ni la lluvia, ni los truenos ni los relámpagos; y estas barracas que colocamos a nuestro antojo allí donde estamos a gusto, valen más, para nosotros, que los dorados techos y los suntuosos palacios. A esto y a otras cosas irás acostumbrándote en nuestra compañía, y yo te aseguro que el día llegará en que no querrás cambiarla por ninguna otra.

Comprensión

A. Contesta las siguientes preguntas.

1. ¿Qué preparativos hicieron los gitanos para la ceremonia de iniciación de don Juan?
2. ¿Dónde sentaron al caballero?
3. ¿Qué le pusieron en las manos y qué le hicieron hacer?
4. ¿Están los gitanos contentos de tener a Andrés en su compañía?
5. ¿Qué hizo el gitano viejo después de la ceremonia?
6. Según el gitano, ¿qué podía hacer Andrés si no le agradara lo suficiente la gitanilla?
7. ¿Podía Andrés dejar a la gitana una vez escogida?
8. Según el gitano viejo, ¿están los gitanos contentos de la vida que llevan?

B. ¿Qué opinas?

1. ¿Te gustaría llevar una vida errante como la de los gitanos? ¿Por qué?
2. ¿Crees que es importante asentarse *(settle down)* en un lugar? ¿Qué impacto tiene esto en el medio ambiente? ¿Te parece que hay más aspectos positivos que negativos o vice versa?

---

sembrados cultivated fields

leña firewood

de balde free *(of cost)*

Antes de leer: *¿Robarías por amor? ¿En realidad te quiere una persona que te pide que robes? Lee el pasaje y deduce lo que opina Andrés al respecto. ¿Cometería él un delito por amor?*

14

Las promesas de Andrés

Asintió Andrés a todo cuanto dijo el elocuente gitano, declarando que, en efecto, era la vida errante y libre la mejor del mundo, y la dicha para él más preciada° la de vivir al lado de Preciosa y hacer méritos para conseguir su amor.

Prometió también acomodarse en todo a las leyes de la gitanería, y tan sólo rogó al viejo una cosa que a todos contrarió un tantico,° y fue que no le obligaran a robar. Preciosa (que, aunque criada entre ellos, sentía instintiva repugnancia hacia algunas costumbres de los gitanos) se alegró en extremo de aquella decisión de su galán; y éste, rumboso° como siempre, puso fin al enojo de los otros, diciendo:

—Y para compensar, señores, lo que yo pudiera robar en dos meses corridos,° quiero repartir entre todo el rancho estos doscientos escudos de oro.

¡Allí sí que estalló° el contento y la alegría! Que quiera que no,° los gitanos más jóvenes arremetieron con Andrés y, levantándole en hombros, gritaban:

—¡Viva, viva Andrés, el nuevo gitano caballero!

Y las gitanillas, haciendo lo mismo con Preciosa, respondían:

—¡Y viva, viva Preciosa, amada prenda° suya!

Y después, dando principio° al baile, se repartieron los dineritos y muchas confituras y golosinas° a que los gitanos son muy aficionados, y entre seguidillas y romances y alabanzas a Preciosa y a Andrés, duró la fiesta hasta bien entrada la noche.

---

preciada valued
que a todos contrarió un tantico which vexed all so much
rumboso generous
corridos in a row
estalló burst
Que quiera que no Despite his protests
prenda jewel
dando principio beginning
confituras y golosinas sweets

Comprensión

A. Contesta las siguientes preguntas.

1. ¿Qué opinaba Andrés de la vida errante?
2. ¿Prometió Andrés cumplir con todo sin excepciones?
3. ¿Qué pidió Andrés al viejo?
4. ¿Se alegró Preciosa del pedido de Andrés? ¿Por qué?
5. ¿Se alegraron los otros gitanos de este pedido?
6. ¿Qué hizo Andrés para contentarlos?
7. ¿Cómo reaccionaron los gitanos?
8. ¿Hasta qué hora duró el baile?

B. ¿Qué opinas?

1. ¿Crees que Andrés rompe la promesa que había hecho a Preciosa al pedir que no le obliguen a robar? ¿Qué hubiera pasado si Preciosa no hubiera estado de acuerdo con su pedido?
2. ¿Te parece que los gitanos del cuento roban por necesidad o por profesión? Investiga acerca de la vida de los gitanos y luego pregúntate qué otras opciones de trabajo tenían ellos en aquella época.

Antes de leer: *¿Qué haces cuando tu grupo te presiona a hacer algo que no es correcto? ¿Abiertamente dices que no o tratas de negarte con más sutileza? ¿Qué táctica te parece mejor? Observa la solución que encuentra Andrés a su problema.*

15

Andrés rehúsa robar

Desde aquel día no hubo entre toda la gitanería gitano más cabal° y cumplido que Andrés.

En todo seguía la ley de los gitanos y en todo se acomodaba a sus usos y costumbres; lo único que de él no podían conseguir es que fuera° con ellos a robar. Quisieron ellos a todo trance° darle algunas lecciones, y él no se opuso abiertamente por miedo a que le despidieran del rancho; pero, cuando llegaban a un camino y despojaban° al que por él pasaba, y el despojado se deshacía en súplicas y llantos, Andrés, como noble caballero que era, se compadecía, aflojaba° el bolsillo, y pagaba con dinero al caminante más de lo que valía la prenda° robada.

No se conformaban con esto sus compañeros, pues decían que para ser gitano era necesario ser ladrón, viendo lo cual, Andrés declaró un día que para robar no era preciso ir acompañado y que él quería ir solo a sus merodeos.°

Procuraron los gitanos disuadirle diciendo que una persona sola no podía hacer grandes presas, y también Preciosa quiso apartarle de su intento, pues temía que pudiera así correr algún peligro; mas pronto se tranquilizaron una y otros al ver que siempre volvía de sus correrías con abundante dinero y prendas de valor. Claro está que el dinero era el suyo, y las prendas las compraba; pero decía que las había robado y así llevaba provecho el rancho y no cargaba su conciencia.

Y, como así aumentaba él solo los caudales de la compañía más que los cuatro ladrones más afamados de ella, y como además era mozo de mucho

---

cabal honorable
que fuera that he should go
a todo trance by all means
despojaban robbed
aflojaba opened
prenda spoils
merodeos acts of plundering

brío° y allí donde llegaban, él se llevaba el precio y las apuestas de corredor y de saltar más que ninguno,° y jugaba a los bolos y a la pelota extremadamente y tiraba a la barra* con mucha fuerza y singular destreza, en poco tiempo voló la fama de sus habilidades por todo el contorno y no hubo lugar donde no se celebrasen las hazañas° —siempre limpias y honradas— del gitano Andrés Caballero.

Y, como al mismo tiempo crecía la fama de la gitanilla Preciosa y de su gracia para cantar romances y bailar seguidillas, no había lugar, villa ni aldea donde no les llamasen para que fueran° ornato° en las fiestas y regocijos.° Así iba el aduar° rico, próspero y contento, y los enamorados gozosos con sólo mirarse.

Comprensión

A. Contesta las siguientes preguntas.

1. ¿Se convirtió Andrés en buen gitano?
2. ¿Qué era lo único que rehusaba hacer?
3. Cuando los gitanos querían enseñarle a robar, ¿se oponía Andrés?
4. ¿Qué hacía cuando sus compañeros asaltaban a alguien en el camino?
5. ¿Estaban contentos los compañeros con la conducta de Andrés? ¿Por qué?
6. ¿Qué se le ocurrió a Andrés para no tener que ir acompañado ya?
7. ¿Qué opinaban los gitanos? ¿Se lo permitieron?
8. ¿De dónde obtenía Andrés el dinero y las prendas que traía al rancho?

---

brío spirit
él se llevaba . . . ninguno he won all honors in running and jumping
hazañas deeds
para que fueran for them to be
ornato adornment
regocijos rejoicing
aduar company of gypsies

* *tiraba a la barra:* a game similar to throwing the javelin

B. Pon en orden cronológico (1–10) los siguientes sucesos de los Capítulos 11–15.

___ El padre de don Juan regala a las gitanas bastante dinero.
___ Andrés promete cumplir con todas las leyes de la gitanería pero pide que no le obliguen a robar.
___ Para evitar disgustos, Andrés pide que le dejen ir solo a sus merodeos.
___ En la fecha y hora prometidas, aparece don Juan ante Preciosa y su abuela.
___ Don Juan se pone celoso al leer el soneto dedicado a Preciosa, pero ella lo calma.
___ Los compañeros de Andrés están disgustados porque él se niega a robar.
___ El gitano jefe entrega a Preciosa para ser la prometida de don Juan.
___ Preciosa y su abuela conducen a don Juan al rancho y los gitanos lo reciben con fiesta.
___ Se realizaron las ceremonias de iniciación de don Juan a la gitanería.
___ Al bailar en el palacio de don Juan, se le cae a Preciosa el soneto que le compuso el paje-poeta.

C. ¿Qué opinas?

1. ¿Fue prudente la idea que tuvo Andrés de querer ir solo a sus merodeos? ¿Por qué?
2. ¿Crees que los gitanos en realidad creían que el dinero y las prendas que Andrés traía al rancho eran los que él había robado? ¿Piensas que Preciosa creía esto? Comparte tus opiniones con tus compañeros de clase.

Antes de leer: *¿Qué significa para ti una vida errante? ¿Puedes citar un ejemplo de la vida errante? Cuando leas este pasaje, fíjate en lo que opinan los gitanos.*

16

Un encuentro

Por villas y aldeas, por valles y montañas, hoy en lugares de fiesta, mañana en abruptos parajes,° seguía la caravana su camino, libre de cuidados. Si un sitio les placía,° armaban° en él su campamento; cuando se cansaban o tenían algo que temer, levantaban el vuelo, y ¡adelante!

Y cada día la gitanilla correspondía con más agrado a las finezas de Andrés; y éste, cada vez más enamorado de su Preciosa, se mostraba también más confiado y alegre a medida que se alejaban de Madrid, pues disminuía en él el temor de que el Conde, su padre, pudiera descubrir su engaño y su aventura.

Una noche, en los montes de Toledo, teniendo el aduar bastante apartado del camino real, oyeron unos grandes gritos y lamentos y un furioso ladrar de los perros que guardaban el campamento. Salieron algunos gitanos, entre ellos Andrés, a ver lo que ocurría y, llegándose al lugar de donde partían los lamentos, vieron a la luz de la luna a un hombre mozo, de gentil rostro y talle,° vestido todo él de blanco como en traza de molinero° y a quien dos perros tenían fuertemente asido° de una pierna. Corrieron a él, ahuyentaron° a los perros y le auxiliaron, mientras uno de los gitanos le decía:

—¿Quién os trajo por aquí, buen hombre, a tales horas y tan fuera de camino? En verdad que venís a mal puerto si venís a robar . . .

—Que vengo descaminado° bien lo veo —replicó el mozo—; pero no vengo a robar, ni Dios lo permita.° Mas, ¿no podríais indicarme un lugar donde recogerme esta noche y curarme las heridas que me han hecho vuestros perros? Porque no puedo resistir el dolor de esta pierna.

---

parajes places
placía pleased
armaban set up
talle figure
en traza de molinero looking like a miller
asido held
ahuyentaron drove away
vengo descaminado I've gone astray
ni Dios lo permita God forbid

—No hay por aquí venta ni lugar —respondió Andrés—, pues estamos muy lejos de poblado. Mas para curar vuestras heridas y alojaros esta noche no os faltará comodidad en nuestro rancho. Venid a él con nosotros, que, aunque somos gitanos, no dejamos de conocer lo que es caridad.

Y entre Andrés y otro gitano caritativo lo llevaron al rancho, pues los perros le habían puesto en tal estado que no podía andar.

Comprensión

A. Contesta las siguientes preguntas.

1. ¿Se estaba enamorando cada vez más la gitanilla de Andrés? ¿En qué se nota?
2. ¿Por qué estaba Andrés contento de alejarse de Madrid?
3. ¿Dónde habían instalado el aduar esa noche?
4. ¿Qué oyeron?
5. ¿Qué encontraron los gitanos?
6. ¿Venía el hombre a robar? ¿Por qué había llegado a ese lugar?
7. ¿Estaba herido el hombre? ¿Qué les preguntó a los gitanos?
8. ¿Qué le ofrecieron ellos?

B. ¿Qué opinas?

1. ¿Es posible llevar una vida errante hoy en día? Teniendo en cuenta el sistema de vida de la ciudad y sus leyes, ¿le sería más fácil a una persona sola o a un grupo de personas llevar una vida errante? Explica por qué.
2. ¿En qué regiones del mundo aún se pueden encontrar pueblos nómadas? ¿Crees que estos pueblos nómadas valoran las cosas de una forma distinta a la de los pueblos que no lo son? ¿Por qué? Da ejemplos.

Antes de leer: *¿Cómo crees que atenderán los gitanos al herido? ¿Crees que ellos se sienten responsables de que sus perros le hayan mordido o simplemente lo curan por caridad humana? Lee el pasaje y saca tus propias conclusiones.*

17

El paje otra vez

Le entraron° en la barraca o toldo° de Andrés, le acostaron sobre un lecho° de paja —que no se gasta más lujo entre la andante° gitanería—, y acudieron a cuidarle todas las gitanillas, especialmente la abuela de Preciosa, que tenía fama de ser la mejor curandera° entre todas las gitanas de España. Claro que era su ciencia un tanto primitiva, y los menjunjes° que aplicó al herido —romero° verde mascado y pelos de los perros, fritos en aceite— tan extravagantes como suelen ser los de todos los curanderos; pero, como al mismo tiempo le lavó las heridas muy bien y se las vendó° con paños° muy limpios que preparó Preciosa con sus manos, pronto sintió gran alivio el mordido.°

Y mientras le curaban, no apartaba los ojos de Preciosa, ni Preciosa los suyos de él, lo cual daba al celoso Andrés bastante que pensar.

Después de curado, ya tranquilo el mozo, le dejaron descansar sin preguntarle nada de su nombre ni de su camino. Al salir de la tienda, detuvo la gitanilla a su galán.

—¿Recuerdas —le dijo— aquel papel que se me cayó en tu casa cuando bailaba con mis compañeras y que te dio un mal rato, según creo?

—Sí, lo recuerdo —repuso Andrés—; y recuerdo también que era un lindo soneto en tu alabanza.

—Pues has de saber, Andrés, que el que hizo aquel soneto es ese mozo mordido que acabamos de dejar en la choza.° Estoy bien segura de ello, pues le hablé dos veces en Madrid; sólo que ahora parece molinero con

---

Le entraron They brought him inside
toldo hut
lecho bed
andante wandering
curandera healer
menjunjes concoctions
romero rosemary
vendó bandaged
paños cloths
mordido bitten (one)
choza hut

plumas, como paje favorecido de algún príncipe. Y, por más que pienso, no acabo de comprender la causa de ese traje y de este encuentro. . .

—¿Qué causa puede ser, Preciosilla, sino tu hermosura y mi desgracia? Por tu amor se habrá convertido° de paje en molinero, como yo me convertí de caballero en gitano, ¡y tu amor buscará, como lo buscan cuantos ven tus bellos ojos!

—Ay, celosito; celosito y caviloso,° no caviles° tanto, que mi amor es para uno solo, a la vez gitano y caballero. Y no nos preocupemos más de las intenciones del señor paje, poeta y molinero, que él nos las dirá algún día sin que se las preguntemos. . .

Y aquí acabó la plática° de los enamorados, pero no los celos y cavilaciones de Andrés.

No tardó Clemente —que así se llamaba el paje, nuestro antiguo conocido— en curarse de todas sus heridas. Pero quedó tan agradecido a los cuidados de las gitanillas, y se hallaba tan a gusto entre los gitanos que decidió quedarse algún tiempo con ellos, haciendo su misma vida y siguiendo su misma ley, aunque —como Andrés y Preciosa— absteniéndose de robar y demás fechorías.° En cambio, como llevaba bien provista la bolsa, y era rumboso y galán, no cesaba de obsequiar a los gitanos y regalar a las gitanillas, y, como era poeta y muy pulido,° componía lindos versos que Preciosa cantaba y Andrés acompañaba cumplidamente con la guitarra.

Comprensión

A. Contesta las siguientes preguntas.

1. ¿Adónde llevaron al mozo? ¿Sobre qué le acostaron?
2. ¿Quiénes acudieron a cuidarle?
3. ¿De qué tenía fama la abuela de Preciosa?
4. ¿Qué curativos le hizo al herido?
5. ¿Qué le dijo la gitanilla a Andrés acerca del molinero?
6. ¿Por qué cree Andrés que ha venido el molinero al aduar?
7. ¿Qué decidió hacer el molinero?
8. ¿Se dedicó a robar como los otros gitanos?

---

se habrá convertido he probably has changed himself
caviloso faultfinder
caviles find faults
plática chat
fechorías misdeeds
pulido courteous

B. ¿Qué opinas?

1. ¿Tiene Andrés razón en creer que el paje se ha convertido en molinero sólo por seguir a Preciosa? ¿Por qué? ¿Tiene también Andrés razón para desconfiar del amor de Preciosa? Explica.
2. Tanto Andrés como Clemente se niegan a robar. ¿Crees tú que, si no tuvieran dinero para darles a los gitanos, éstos aceptarían su decisión de no querer robar? Di por qué.

Antes de leer: *¿Alguna vez has desconfiado de alguien, pero al conocerle mejor, has cambiado de opinión? ¿Cómo crees que es posible convertir la desconfianza en amistad?*

18

La historia de Clemente

Con estas zambras° y fiestas llegaron a ser muy amigos los tres; tan amigos que un día Clemente, por disipar° del todo los recelos° de Andrés, decidió contarles su historia. Y dijo así:

—Habéis de saber° que lo que os hizo encontrarme de noche en este traje, a pie y mordido de perros, no fue amor sino desgracia mía.

Aquí dio Andrés un suspiro de satisfacción. Y Clemente continuó:

—Yo servía en Madrid en casa de un noble señor, y era allí tan querido y favorecido de todos que más parecía hijo que criado. El único heredero de este gran señor era en la edad igual a mí y me trataba con tanta amistad y cariño que no tenía pensamiento que no me confiara° ni iba a parte alguna que no fuese conmigo.° Pues sucedió que este caballero se enamoró tan perdidamente de una hermosa doncella que nos pasábamos día y noche rondando° sus ventanas, aunque rara vez lográbamos verla, pues su padre se oponía a estos amores. Una noche —por desgracia mía—, pasando por la puerta de la doncella, vimos arrimados° a ella a dos caballeros embozados° en sus capas, que mi amo intentó reconocer; mas, apenas se había aproximado a ellos, cuando los dos desconocidos echaron mano con mucha ligereza a las espadas y se vinieron a nosotros, que, al vernos atacados, hicimos lo mismo, y con iguales armas nos acometimos.° Poco duró la pendencia° porque fue tanto nuestro brío para defendernos que a los pocos momentos quedaron allí malheridos nuestros adversarios. A la mañana siguiente se supo° que los dos desconocidos eran dos caballeros muy poderosos protegidos por el rey; y, como sus heridas eran graves y ellos pudieron acusar a mí y a mi amo, y la justicia nos buscó a

---

zambras merrymaking
disipar remove
recelos misgivings
Habéis de saber You ought to know
que no me confiara that he did not confide in me
que no fuese conmigo that he did not go with me
rondando going around
arrimados leaning against
embozados cloaked
nos acometimos we attacked
pendencia fight
se supo it was learned

él y a mí por toda la ciudad, mi amo se ocultó en un monasterio y, en hábito de fraile, pasó a Portugal; yo tomé para escapar el disfraz° en que me visteis. Ya veis si fue desgracia y no amor lo que aquí me trajo.

—¿Y adónde irás ahora? —preguntó Andrés.

—Ahora quisiera ir a Sevilla,[1] donde tengo un pariente muy rico que suele enviar a Génova[2] mucha plata, y entre los que la llevan podría yo también embarcar. Conque si° la gitanería quiere levantar el rancho para ir a Sevilla, yo se lo pagaré muy bien por la seguridad que entre vosotros llevo y por el gusto que tengo de ir en vuestra compañía.

Todos dijeron que sí, que irían adonde él quisiera, con tal que tan rumboso mozo no abandonara tan pronto el aduar; pero la vieja abuela de Preciosa, que también había oído el relato del paje, dijo, haciendo grandes aspavientos:°

—¡Ay, a Sevilla no! ¡A Sevilla no; que dejé allí malos recuerdos y no puedo ni oírla nombrar° sin recordar el cuento de un cierto gorrero!. . .°

Comprensión

A. Contesta las siguientes preguntas.

1. ¿Cómo era la relación entre Clemente, Andrés y Preciosa?
2. ¿Por qué vino Clemente al rancho?
3. ¿Dónde servía Clemente y cómo le trataban?
4. ¿De quién se enamoró su amo? ¿Qué hacía para cortejar a la doncella?
5. ¿Qué vieron una noche en que pasaban Clemente y su amo por la puerta de la casa de la doncella? ¿Qué pasó?
6. ¿Por qué tuvieron que huir su amo y él?
7. ¿Adónde quiere ir ahora Clemente? ¿Por qué quiere ir a ese lugar?
8. ¿Qué opina la abuela de Sevilla?

---

disfraz disguise
Conque si So if
haciendo grandes aspavientos making a great fuss
no puedo ni oírla nombrar I can't even hear its name mentioned
gorrero capmaker

[1] *Sevilla:* Seville is a city in southern Spain, in the region known as Andalusia.

[2] *Génova:* Genoa is an important port in Italy.

B. ¿Qué opinas?

1. ¿Te parece que Clemente y su amo tienen culpa de haber herido a los otros dos caballeros o crees que actuaron en defensa propia? Siendo los heridos dos caballeros muy poderosos, ¿crees que se hubiera hecho justicia si hubieran capturado a Clemente y su amo? Comenta las posibilidades con tus compañeros de clase.
2. ¿Por qué crees que la abuela de Preciosa no quiere ir a Sevilla? ¿Será por algo que ella hizo o por algo que a ella le hicieron? Explica.

Antes de leer: *¿Sueles hacerles bromas a los demás? ¿Qué tipo de bromas? ¿Te gustaría que te hicieran una broma pesada? ¿Se la harías tú a otros? Lee a seguir cómo la vieja se burla de un hombre avaro.*

19

El cuento de la gitana

Todos la instaron° para que contara el cuento, que debía ser muy sabroso. Y la gitana vieja dijo así:

—Había en Sevilla, años pasados, un gorrero llamado Triguillos, tan avaro que por un ochavo fuera capaz° de dejarse ahorcar.° Todos sus sueños y sus conversaciones eran de tesoros ocultos,° de la manera de encontrarlos y de la de guardarlos después para que otro no los encontrara; y, en esta manía° y amor por los ochavos llegó el gorrero, como nosotros decimos, a perder la chaveta.° Fui yo a verle, y con mis embelecos y, por hacerle una burla que fuera sonada,° le prometí que hallaría el gran tesoro del moro Alí-Babá,[1] si, metido en una tinaja° con agua hasta el cuello, desnudo y con una corona de ciprés° en la cabeza, esperaba el filo de medianoche para salir de la tinaja y cavar° en cierto lugar de la casa que le indiqué. Hízolo así el gorrero: se pasó todita la noche —que era fresca como de invierno— en remojo° dentro de la tinaja; y, en cuanto oyó tocar a maitines,° quiso con tanta prisa salir de ella, que dio de narices en el suelo.° La tinaja, que era de barro, se rompió en mil pedazos; y él, con el golpe y con los cascos,° se magulló° todo y, como además se derramara° el agua, quedó nadando en ella y dando grandes voces de

---

instaron urged
fuera capaz he would be capable
ahorcar hang
ocultos hidden
manía obsession
perder la chaveta to lose his mind
que fuera sonada that would become widely known
tinaja earthern barrel
ciprés cypress *(a kind of tree)*
cavar dig
en remojo soaking
y en cuanto oyó tocar a maitines as soon as he heard the church bells chiming the matins *(morning prayers)*
dio de narices en el suelo he hit his nose against the ground
cascos fragments
se magulló bruised
se derramara spilled

[1] *Alí-Babá:* Ali Baba was a famous bey, or ruler, of Algiers (city in Northern Africa) who was immensely wealthy.

que se ahogaba.° Acudieron su mujer y los vecinos con luces y le hallaron nadando, soplando,° arrastrándose° por el suelo, moviendo los brazos y las piernas con mucha prisa y diciendo a grandes voces: "¡Socorro, señores, que me ahogo!" Y tal miedo tenía que verdaderamente pensó que se ahogaba. Le sacaron de aquel peligro, y él contó la burla que le había hecho yo; mas, aunque todos le decían que esos eran embustes° y embelecos, se obstinó en cavar y cavar su casa en el sitio indicado y por poco echa abajo° no sólo la suya sino también la del vecino. El tesoro de Alí-Babá no apareció, pero el cuento se supo por toda la ciudad, y hasta los chiquillos le señalaban con el dedo y contaban su credulidad, su avaricia y mi embuste. . . Y, como el gorrero juró vengarse, ¡ved si tengo motivos para no querer ir a Sevilla!. . .

Decidieron, pues, no ir a Sevilla sino a Murcia,[2] para que desde allí fuese Clemente a embarcar a Cartagena.[3] Pero aún pasaron algún tiempo en los montes de Toledo por no separarse tan pronto de nuestro paje, de quien fue Andrés desde aquel día el mejor camarada. Andaban siempre juntos, gastaban largo,° hacían llover escudos, saltaban, bailaban y tiraban la barra mejor que ninguno de los del rancho, y eran de las gitanas más que medianamente queridos y de los gitanos en todo extremo respetados.

Comprensión

A. Contesta las siguientes preguntas.

1. ¿Cómo se llamaba el gorrero? ¿Cómo era?
2. ¿Cuál era su obsesión?
3. ¿Para qué fue a verle la gitana vieja? ¿Qué le prometió ella?
4. ¿Qué tenía que hacer el gorrero para encontrar el tesoro?
5. ¿Hizo él lo que le había dicho la vieja? ¿Qué pasó cuando llegó la hora de maitines?
6. ¿Qué ocurrió cuando se puso a cavar el gorrero? ¿Se dio cuenta entonces del engaño?

---

se ahogaba he was drowning
soplando blowing
arrantrándose crawling
embustes lies
y por poco echa abajo and almost tore down
gastaban largo spent generously

[2] Murcia is a Spanish city on the Mediterranean coast.

[3] Cartagena is a Spanish city on the Mediterranean coast.

7. ¿Fueron al final los gitanos a Sevilla? ¿Adónde fueron y por qué?
8. ¿Mejoró la relación entre Andrés y Clemente desde ese día?

B. ¿Qué opinas?

1. ¿Qué opinas de la broma de la vieja? ¿Te parece muy cruel o crees que no fue nada grave? ¿Por qué? ¿Le harías a alguien ese tipo de broma?
2. Cuando alguien engaña a otro, hay gente que dice que a veces tiene un poco de culpa la persona que se deja engañar. ¿Qué opinas? Explica con ejemplos.

Antes de leer: *¿Crees que es bueno empeñarse* (persist) *en conseguir algo sólo por capricho* (whim)*? ¿Te parece que esta conducta conduce a algo bueno o crees que puede tener consecuencias negativas? Observa el comportamiento de la Carducha a medida que leas este pasaje.*

20

La Carducha

Levantó su rancho la gitanería una mañana y partieron todos con dirección a Murcia, deteniéndose en un lugarcillo cercano a esta ciudad. Pensaban permanecer allí muy poco tiempo y no quisieron tomarse el trabajo de acampar y desplegar° las barracas que llevaban, como es costumbre entre ellos, desmontadas y cargadas en mulos. Acomodáronse, pues, como pudieron, unos aquí, otros allá, los más en el monte —pues era tiempo de verano—; y Preciosa, su abuela, otras dos gitanillas, el gitano jefe, Clemente y Andrés fueron a alojarse° en el único mesón que había en el lugar.

Era dueña de este mesón una rica viuda,° la cual tenía consigo una hija de dieciocho años llamada Juana Carducha, medianamente hermosa pero más que medianamente entrometida y desenvuelta.°

Y sucedió que esta Juana Carducha, viendo bailar a las gitanillas y gitanos, prendóse° de tal modo del garbo° y gallardía de Andrés que en seguida concibió el proyecto de enamorarlo y casarse con él, aunque a ello se opusiera el mundo entero.° ¡No hay para qué decir° con cuánta alegría le vería alojarse en su propia casa! Porque segura de su plan la atrevida° muchacha, y no sabiendo la verdadera condición de Andrés, echaba sus cuentas de este modo:

—Por poco tiempo que paren en la villa —pensaba— alojándose en mi casa, malo será que no se fije en mí; y, en fijándose él, bien puedo yo decirle que le quiero y obligarle a casarse conmigo; porque, al fin, aunque

---

desplegar set up
alojarse stay
viuda widow
entrometida y desenvuelta busybody and brazen
prendóse fell in love
garbo charm
aunque a ello se opusiera el mundo entero even if the whole world were against it
No hay para qué decir It goes without saying
atrevida daring

buen mozo y valiente y habilidoso, no es él sino un pobre gitano acostumbrado a tener por casa las barracas del rancho, con el cielo por techo y el santo suelo por alfombra, a sufrir persecuciones e insultos y a ganarse el pan de cada día hoy bailando y cantando en una villa, mañana tirando la barra o jugando a los bolos en una aldea, y al otro robando una gallina o asaltando a un pobre caminante. . . ¿Cuándo pudo soñar casarse con una mocica como yo, hija de la más rica viuda del lugar, codiciada° por todos los mozos, dueña de buenas casas y cabezas de ganado° y ricas haciendas?

Comprensión

A. Contesta las siguientes preguntas.

1. ¿Dónde se detuvo la gitanería?
2. ¿Desplegaron las barracas? ¿Por qué?
3. ¿Dónde se acomodaron los gitanos?
4. ¿Quién era dueña del mesón? ¿Qué propiedades tenía?
5. ¿Cómo se llamaba la hija y cómo era?
6. ¿Qué sucedió cuando la Carducha vio a Andrés?
7. ¿Qué planeó ella entonces?
8. ¿Estaba segura de que Andrés la aceptaría? ¿Por qué?

B. Pon en orden cronológico (1–10) los siguientes sucesos de los Capítulos 16–20.

___ La gitana vieja cuenta la burla que le hizo a un gorrero en Sevilla.
___ Los gitanos se detienen en un lugar cerca de Murcia y algunos de ellos se alojan en un mesón.
___ Cuando acampaban en los montes de Toledo, los gitanos oyen gritos y ladridos de perros y salen a ver.
___ Clemente dice que quiere ir a Sevilla, pero la gitana vieja prefiere que no.
___ Los gitanos encuentran a un hombre vestido de molinero herido por las mordidas de los perros.

---

codiciada desired **ganado** cattle

___ La hija de la dueña del mesón se enamora de Andrés.
___ Los gitanos conducen al molinero al rancho para curarlo.
___ Preciosa reconoce al molinero y se lo cuenta a Andrés.
___ Andrés tiene celos de Clemente porque cree que él anda tras Preciosa.
___ Clemente decide revelar quién es a los gitanos.

C. ¿Qué opinas?

1. Como has visto, Preciosa y su abuela y Andrés y Clemente se alojan en el mesón junto con el gitano jefe mientras que los demás duermen en el monte. ¿Qué te dice esto de la posición que ocupan éstos con respecto a los demás?
2. ¿Crees que la Carducha está realmente enamorada de Andrés o se ha encaprichado con él? ¿Qué dice la Carducha que apoya tu argumento?

Antes de leer: *¿Crees que las cosas materiales son las más importantes? ¿Por qué? ¿Qué ventajas tienen sobre las demás cosas? Lee el pasaje y di qué opinas de lo que piensa la Carducha.*

21

La Carducha se declara

Y en estos, para ella muy dulces pensamientos, aguardaba° la presuntuosa° muchacha que llegase ocasión de hablar claro a nuestro gitano caballero. Porque era inútil que buscase ocasión para hacerse notar de él,° ni que recurriera° a toda clase de perifollos° y coqueteos, ni que inventara nuevos melindres° y posturas cada vez que pasaba por su lado. Nuestro galán no tenía ojos más que para Preciosa, y ni por pienso° fijaba su atención en la Carducha.

Por fin, a la segunda noche y en ocasión que Andrés entraba en la cuadra, Juana, que le había espiado, se acercó a él y muy decidida y resuelta le habló así:

—Andrés, yo soy rica doncella, pues soy hija única, y de mi madre son este mesón y otras dos casas más y muchas viñas y olivares y también muchas joyas y dineros. Pues todo esto será tuyo si tú quieres tomarme por esposa, que, si tú quieres, yo he de tomarte° por marido, así se oponga a ello el mundo entero. Conque piénsalo bien y respóndeme pronto y deja que el rancho siga su camino, y quédate tú aquí bien seguro de que vas a llevar mejor vida° que un príncipe.

Sorprendido quedó Andrés oyendo hablar de tal modo a la Carducha. Mas no tuvo que pensar largo rato de la respuesta:

—Doncellita —dijo—, yo agradezco que te hayas fijado en mi humilde persona, pero no puedo aceptar tu amor ni esa vida de príncipe que de tan buena voluntad me ofreces. Porque has de saber° que los gitanos no nos

---

aguardaba she was waiting
presuntuosa conceited
para hacerse notar de él to make him notice her
recurriera resort
perifollos gaudy ways of dressing
melindres affectations
ni por pienso (he) not even thought of
yo he de tomarte I shall take you
a llevar mejor vida to lead a better life
has de saber you ought to know

casamos sino con gitanas, y que yo estoy prometido a una, la más bella de España y del mundo entero, a la que no dejaría por todos los tesoros de las Indias.*

En poco estuvo que la Carducha no cayera muerta,° al escuchar la desabrida° respuesta de Andrés. ¡Cuándo pudo ella imaginar que así la despreciara° un gitano miserable! ¡A ella, la más rica doncella del lugar! Y, soltando improperios° e insultos y jurando vengarse,° salió furiosa de la cuadra.

Inmediatamente temió Andrés que la venganza de aquella furia pudiera recaer en su Preciosa —lo más querido para él en este mundo—; y, reuniendo a todos los gitanos, aunque sin decirles el motivo, les notificó que era preciso salir del lugar aquella misma noche. Ellos, que siempre y en todo obedecían como si fuera el jefe, se apresuraron° a arreglar sus cosas; y alegres y dicharacheros° se pusieron en marcha camino de Murcia.

Comprensión

A. Contesta las siguientes preguntas.

1. ¿Se había fijado Andrés alguna vez en la Carducha?
2. ¿Dónde fue que la Carducha se acercó a hablarle a Andrés?
3. ¿Cómo sabía que él estaba allí?
4. ¿Qué le dijo la Carducha a Andrés?
5. ¿Qué le contestó él?
6. ¿Cómo reaccionó la Carducha?
7. ¿Qué temió Andrés?
8. ¿Qué hizo él?

En poco estuvo que . . . cayera muerta La Carducha almost dropped dead
desabrida rude
despreciara disdain
improperios insults
jurando vengarse swearing revenge
se apresuraron hurried
dicharacheros full of witty observations

* The New World was known as *Indias* (Indies). It was from the Indies that Spain derived great wealth at the time, especially from the gold and silver brought from Mexico and Peru.

B. ¿Qué opinas?

1. ¿Te parece que Andrés estaba completamente seguro de su amor por Preciosa? ¿En qué lo notas? Por ejemplo: ¿vaciló Andrés al contestarle a la Carducha?
2. ¿Crees que Andrés fue prudente en contestarle de la manera en que lo hizo? ¿O debió haberle dicho que lo iba a pensar para ganar tiempo y salir del mesón? Explica tu punto de vista.

Antes de leer: *¿Es bueno vengarse? ¿Te parece que la venganza da resultados positivos? Explica con ejemplos. Luego lee el pasaje y di si la Carducha ha sido en realidad gravemente ofendida como para querer vengarse.*

22

La trampa de la Carducha

Mas nada podía detener a la Carducha en sus bien tramados° proyectos de venganza.

—¡Miserable gitano —pensaba—, no te saldrás con la tuya, que yo te haré que te quedes en el lugar por fuerza, ya que no de grado!° Y, tomando unos collares de coral, unos brincos° y otros dijes° suyos, en el momento de marchar los gitanos, lo escondió todo secretamente en el fardo° de Andrés.

Apenas había salido del mesón la caravana, y ya la hija de la viuda estaba en la puerta chillando a más y mejor,° llamando a la justicia para que prendiera° a aquellos gitanos que eran unos grandísimos ladrones y le habían robado sus mejores joyas. A tales voces acudió la gente, se reunió todo el pueblo, llegó al fin la justicia, y la Carducha seguía en la puerta chilla que chillarás° con todas sus fuerzas.

Los gitanos se detuvieron e inútilmente juraron que no llevaban nada que no fuese suyo.° Por fin, Andrés, para demostrar la inocencia de toda su tropa, propuso que se abrieran y registraran minuciosamente° todos los fardos, lo que causó algún sobresalto° a la vieja, temerosa de que pudieran encontrar las verdaderas ropas de Andrés (esto es, de don Juan de Cárcamo) y aun alguna otra cosilla que ocultaba. . . y que a su tiempo se dirá.

Pero la misma Carducha impidió que fuera así, pues dijo antes de que deshicieran el segundo envoltorio:

---

tramados plotted
ya que no de grado if not willingly
brincos small jewels
dijes trinkets
fardo pack
chillando a más y mejor screaming louder and more often
prendiera arrest
chilla que chillarás screaming continuously
que no fuese suyo that was not theirs
minuciosamente minutely
sobresalto sudden dread

—Es inútil, señores, que se cansen en mirar todos los líos;° yo sé muy bien que el que me ha robado es ese gitano alto y bailador, pues dos veces le sorprendí saliendo de mi cuarto.

Entendió Andrés que por él lo decía° y respondió riendo:

—Señora doncella, ésta es mi mula y éste es mi fardo: a fe que si en él encontráis lo que os falta, yo os lo pago en más de cien veces su valor.

Mas, ¡cuál no sería su asombro al ver que apenas había empezado la justicia a registrar su envoltorio, salían en él a relucir los collares, pendientes y otros dijes de la Carducha!

Comprensión

A. Contesta las siguientes preguntas.

1. ¿Qué hizo para vengarse la Carducha?
2. ¿Qué metió en el fardo de Andrés?
3. ¿Qué hizo cuando los gitanos habían salido del mesón?
4. ¿Quién acudió a los gritos de la Carducha?
5. ¿Qué propuso Andrés para demostrar la inocencia de la tropa?
6. ¿Por qué se sobresaltó la vieja con la propuesta de Andrés?
7. ¿Registraron todos los fardos? ¿Por qué?
8. ¿Encontraron las joyas? ¿Dónde?

B. ¿Qué opinas?

1. ¿Te parece que Andrés fue un poco ingenuo al no darse cuenta del plan de la Carducha? ¿Por qué? ¿Podría haber reaccionado de otra forma si se hubiera dado cuenta del plan? Explica.
2. ¿Por qué crees que se sobresaltó la gitana vieja cuando Andrés propuso que registraran todos los fardos? Además de la ropa de Andrés, ¿qué te parece que llevaba la vieja? ¿Será que se había robado algo o tenía algún secreto que ocultar? Propón una hipótesis plausible.

---

líos packs

que por él lo decía that she was talking about him

Antes de leer: *¿Alguna vez te han culpado de algo que no habías hecho? ¿Cómo te sentiste ante la injusticia? ¿Cómo crees que reaccionará Andrés en su situación?*

23

Andrés es aprisionado

—¡Vean, vean, cómo se ha turbado el muy tunante!° —decía la Carducha con aire de triunfo—. ¡Vean cómo yo sospechaba bien, que tras buena cara se ocultaba un grandísimo ladrón!

Y entonces el alcalde y todos los presentes empezaron a decir mil improperios contra los gitanos, a llamarles en su cara trapaceros,° ladrones y salteadores de caminos. . . A todo callaba Andrés, no por culpable° sino por sorprendido; pues daba en su mollera mil vueltas al asunto° sin llegar a comprender cómo las joyas de la Carducha podían estar en su envoltorio sin que él las hubiese metido.

En esto, un bizarro° soldado se destacó del grupo de mirones, se llegó a Andrés y, poniéndole la mano en el hombro, exclamó:

—¿No veis lo turbado que se ha quedado el gitanico? Apostaré° yo a que aún se atreve a hacer melindres y negar su fechoría. ¡Mala peste de gitanos!° ¡Aseguro que en vez de andar bailando de lugar en lugar, estaríais mejor todos en las galeras!° ¡Y para regalo tuyo y escarmiento° de toda tu tropa, ahí va ese bofetón!°

Y diciendo y haciendo, alzó la mano y le dio tan tremendo bofetón que a poco no da con° Andrés en el suelo. Mas la afrenta recordó a éste que no era Andrés sino don Juan y caballero no sólo de nombre sino de condición. Con más presteza° que se cuenta arremetió° al soldado, le arrancó su propia espada de la vaina y se la envainó en el cuerpo, dando con él muerto en tierra.

---

cómo se ha turbado el muy tunante how the big rascal has become agitated
trapaceros cheaters
no por culpable not because he was guilty
daba en su mollera mil vueltas al asunto he went over the matter in his head a thousand times
bizarro brave
Apostaré I'll bet
¡Mala peste de gitanos! Curses on the gypsies!
galeras galleys
escarmiento shame
bofetón slap in the face
que a poco no da con that he almost knocked
presteza speed
arremetió lunged toward

No puede describirse la confusión horrible que allí se armó.° Gritó el pueblo, acudió la justicia con las armas, se desmayó Preciosa, se acongojó° Andrés al verla desmayada, y por acudirle no acudió a su defensa; y, como Clemente, su buen amigo, había salido del pueblo con los bagajes,° y la mayor parte de los gitanos había huido ante la justicia, todos se echaron sobre Andrés y le sujetaron fuertemente con dos gruesas cadenas.

Así, entre insultos y martirios, vio Preciosa cómo lo conducían a Murcia para juzgarlo allí. Pensaba en aquellos momentos que por su culpa se veía el caballero preso y aherrojado° como un criminal, en vez de estar en Madrid en el palacio de su padre, rodeado de honores y riquezas. Y, ya arrepentida° de haber sometido el amor del galán a tan dura prueba, abundantes lágrimas asomaban a los bellos ojos de la gitanilla.

Comprensión

A. Contesta las siguientes preguntas.

1. ¿Qué dijeron la Carducha, el alcalde y los presentes al descubrirse las joyas?
2. ¿Qué hacía Andrés?
3. ¿Quién se acercó a Andrés en ese momento? ¿Qué hizo esta persona?
4. ¿Cómo reaccionó Andrés? ¿Por qué?
5. ¿Qué pasó con el soldado?
6. ¿Qué ocurrió con Andrés y los gitanos durante el disturbio?
7. ¿Adónde llevaron a Andrés? ¿Cómo iba?
8. ¿Se arrepintió Preciosa de la prueba que había puesto a Andrés? ¿Por qué?

B. ¿Qué opinas?

1. ¿Crees que los otros gitanos podrían haber ido a ayudar a Andrés o te parece que no podían hacer nada en esas circunstancias? Explica.
2. Investiga el concepto de la "honra" y de la importancia que tenía en esa época. Con los datos obtenidos, explica la reacción de don Juan ante el bofetón que le diera el soldado.

---

armó caused
se acongojó became anguished
bagajes baggage
aherrojado chained
arrepentida repentant

Antes de leer: *¿Crees que Preciosa no volverá a ver más a su galán? ¿Cómo podrá Andrés probar su inocencia? ¿Creerán la palabra de un gitano, a pesar de la creencia general de que todos son embusteros y ladrones? Explica tu respuesta.*

24

En casa del corregidor

Mas no se crea° que por eso abandonó Preciosa a su galán. Por más caballero que nunca le tenía, pues su delito° no era otro que haber lavado como caballero la afrenta que le hicieran; y, animándole con sus palabras más dulces y sus tiernas miradas, fue todo el camino cerca de él como los guardias se lo permitieron.

No hay para qué decir que la gitana vieja acompañaba siempre a su Preciosa, la joya más preciada del aduar. E iban con ellos, además, otros gitanos a quienes también llevaban detenidos para que dieran fe como testigos.°

Al llegar a Murcia, todo el pueblo salió a ver a los presos; y, como en todas partes, adonde iba, más que el delito y que el delincuente, atrajo la atención de todos la sin par hermosura de Preciosa. Unos la alababan, otros la bendecían y en pocos momentos corrió por toda la ciudad la fama de la linda gitanilla que seguía a los presos.

Tanto y tanto se habló de ella que la nueva° de su belleza y las alabanzas de su persona llegaron a oídos de la señora corregidora.° Y no sabemos qué súplica° le haría esta señora a su marido (que él era quien tenía que juzgar a los presos): lo cierto fue que, mientras los otros gitanos eran conducidos a la cárcel y Andrés encerrado en oscuro calabozo° y cargado de grillos y cadenas,° Preciosa con su abuela era llevada con todo miramiento° a casa del corregidor.

Era esta casa un espléndido palacio, el mejor de Murcia; y en el más lujoso de sus salones doña Guiomar de Meneses, la señora corregidora, en

---

Mas no se crea But let it not be believed
delito crime
para que dieran fe como testigos for them to testify as witnesses
nueva news
corregidora wife of the magistrate
súplica plea
calabozo jail
grillos y cadenas shackles and chains
miramiento consideration

compañía de otras nobles damas, aguardaba impaciente la llegada de la linda gitanilla. En cuanto la vio llegar, dijo a sus amigas:

—¡Con razón la alaban de hermosa!

Y, acercándose a ella, la abrazó tiernamente y no se cansaba de mirarla, y preguntó a su abuela qué edad tendría aquella niña.

—Quince años, señora —respondió la gitana—, dos meses más o menos.

—¡Ay, amigas! ¡Qué vivamente me recuerda mi desventura° la vista de esta niña! ¡Que esa edad tendría ahora mi adorada Constanza, la hija que me robaron en Madrid hace años! —dijo a esto doña Guiomar suspirando.

Comprensión

A. Contesta las siguientes preguntas.

1. ¿Abandonó Preciosa a su galán? ¿Qué concepto tenía ahora de él?
2. ¿Qué hacía Preciosa mientras acompañaba a Andrés por el camino?
3. ¿Iba sola Preciosa? ¿Quién la acompañaba?
4. ¿Qué pasó al llegar a Murcia?
5. ¿Adónde fueron llevados Andrés y los otros gitanos?
6. ¿Adónde fueron llevadas Preciosa y su abuela? ¿A pedido de quién?
7. ¿Qué hizo la corregidora al ver a la niña?
8. ¿Tenía una hija la corregidora?

B. ¿Qué opinas?

1. ¿Ha crecido el amor de Preciosa por su galán? ¿En qué lo notas? Da ejemplos.
2. ¿Te parece justo que a los gitanos que fueron llevados de testigos se los meta en la cárcel? ¿Por qué? ¿Qué puede hacer Andrés para probar su inocencia? Explora las posibilidades con tus compañeros de clase.

---

desventura misfortune

Antes de leer: *¿Qué hará Preciosa en presencia de los corregidores? ¿Podrá salvar a su amado Andrés? ¿Qué crees que pasará?*

25

Entra el corregidor

Preciosa, que en su pena sólo podía pensar en la gran desventura de Andrés, viendo a la señora tan bien dispuesta a su favor, le tomó las manos y, dándole en ella muchos besos y bañándolas con sus lágrimas, decía:

—¡Por Dios, señora mía, vos que sois tan buena! ¡Ved que el gitano que está preso no tiene culpa, porque fue provocado; que le dieron un bofetón y le llamaron ladrón siendo inocente! ¡Por Dios y por quien sois, señora, decid al señor corregidor que no le castigue, sino que haga justicia!

Y, mirándola fijamente con su mirada más dulce y suplicante y derramando abundantes lágrimas, tornaba una y otra vez a besarle las manos° sin cesar de implorar:

—Señora, vos que sois tan hermosa, si es verdad que os cautiva mi hermosura, pensad que nada soy ni valgo sin Andrés el gitano, pues es mi prometido a quien quiero más que a las niñas de mis ojos.° Si sabéis lo que es amor, si lo tenéis a vuestro esposo, doléos de mí° y de mi desventura. Y, si dineros fueran precisos, no faltarán, señora, que por salvar a Andrés todos daríamos cuanto pueda valer el aduar.

Estando en esto, entró el corregidor en el salón y quedó un momento suspenso contemplando el grupo que formaban su mujer y Preciosa abrazadas, llorando y tan parecidas en hermosura que se llevaban los ojos° de quien las miraba. Preciosa se echó entonces a los pies del caballero y siguió implorando de este modo:

—¡Señor, misericordia!° Yo puedo jurar que Andrés, mi prometido, es inocente y el más caballero de los hombres. Si él muere, yo también

---

tornaba una . . . manos she kissed her hands time and time again

a quien quiero . . . ojos he's the apple of my eye

doléos de mí feel pity for me

que se llevaban los ojos that they fascinated

misericordia mercy

moriré; si habéis de matarle, matadme a mí primero; y, si esto no puede ser, que se suspenda al menos la pena por algún tiempo, que, siendo él inocente, no dejará Dios de mandarle pruebas que dar de su inocencia.

Admirado y confuso estaba el buen corregidor escuchando las discretas razones de la gitanilla. Algo encontraba en ella que le inclinaba a creer que cuanto salía de sus labios era la verdad pura, y así procuraba consolarla y calmarla y aun, si no fuera por miedo a mostrarse débil, también hubiese derramado lágrimas el respetable señor de Acevedo. . .

En tanto, la vieja gitana abuela de Preciosa se mostraba recelosa,° inquieta y preocupada, y allá en sus adentros, meditaba seguramente grandes cosas. Al fin, no pudo contenerse por más tiempo.

—Señores míos —dijo—, espéreme un instante sus mercedes, que quiero yo acabar el milagro° que Dios ha hecho trayéndonos hoy a Preciosa y a mí a esta bendita casa. Espérenme y verán cómo —aunque me cueste la vida— todos esos llantos van a convertirse pronto en risas.

Y con ligero paso salió de la habitación, dejando a todos confusos con sus enigmáticas° palabras.

Comprensión

A. Contesta las siguientes preguntas.

1. ¿Por qué lloraba Preciosa?
2. ¿Qué hizo Preciosa con la corregidora?
3. ¿Qué vio el corregidor al entrar?
4. ¿Qué le sorprendió?
5. ¿Qué hizo Preciosa al ver al corregidor?
6. ¿Cómo reaccionó el corregidor ante los ruegos de la gitanilla? ¿Le creyó?
7. ¿Cómo estaba la gitana vieja?
8. ¿Qué dijo al fin?

---

recelosa suspicious　　**milagro** miracle　　**enigmáticas** mysterious

B. Pon en orden cronológico (1–10) los siguientes sucesos de los Capítulos 21–25.

___ Preciosa y su abuela son llamadas a la casa del corregidor.
___ La Carducha pide que registren las pertenencias de Andrés.
___ Las joyas aparecen en el fardo de Andrés.
___ La Carducha se le declara a Andrés pero él la rechaza.
___ Un soldado da un bofetón a Andrés y éste lo mata.
___ La Carducha mete unas joyas en el fardo de Andrés.
___ Andrés teme que la Carducha se quiera vengar y dice a los gitanos que es mejor irse del mesón.
___ Andrés es apresado y llevado a Murcia en cadenas.
___ La Carducha empieza a gritar que le han robado.
___ La Carducha decide vengarse de Andrés.

C. ¿Qué opinas?

1. ¿Se puede dudar del amor que siente Preciosa por Andrés? ¿Por qué?
2. ¿Qué opinas del cariño que sienten los corregidores hacia Preciosa y de lo parecidas que son la gitanilla y la corregidora? ¿Te llama la atención de que Preciosa tenga la misma edad que la hija robada de la corregidora? ¿Qué te indican todos estos datos?

Antes de leer: *¿Revelarías tú un secreto aunque arriesgaras la vida? ¿En qué circunstancias lo harías o no lo harías? ¿Por qué? Lee el pasaje y comenta la conducta de la gitana vieja.*

26

Se descubre quién era Preciosa

Aún seguía Preciosa en sus ruegos y lágrimas cuando volvió a entrar° la gitana vieja en el salón. Llevaba bajo el brazo un cofrecillo° antiguo, y rogó con gran premura° y misterio a don Fernando y a doña Guiomar que pasaran con ella a otra habitación, pues deseaba hablarles en secreto.

Apenas se encontró sola con ellos, se arrojó a sus pies y, poniéndose en cruz° y haciendo grandes aspavientos,° dijo así:

—Voy a confesar a sus mercedes un gran pecado mío, el mayor de mi vida; y, si por la gran alegría que ahora les voy a dar no creen que merezco perdón, venga pronto el castigo; pero antes quiero que me digan si reconocen estas joyas.

Y, sacando del cofrecillo un collarcito y unos pendientes de menudas° perlas, los puso en manos del corregidor. Sólo al verlos palideció° la señora, mientras su esposo, más tranquilo, decía:

—Éstos son adornos de una criaturita.°

—Así es la verdad —asintió la gitana—; y dentro de este papel doblado dice bien claro a qué criatura pertenecen.

Abriólo con prisa el corregidor y leyó lo que sigue:

"Estas joyas que en este cofrecito están guardadas, traíalas puestas° cuando yo la robé la niña doña Constanza de Acevedo y Meneses, hija de doña Guiomar de Meneses y de don Fernando de Acevedo, caballero del hábito de Calatrava.[1]

---

volvió a entrar reentered
cofrecillo little chest
premura urgency
poniéndose en cruz extending her arms and legs in the form of a cross
haciendo grandes aspavientos making a great fuss
menudas tiny
palideció turned pale
criaturita baby
traíalas puestas was wearing them

[1] *caballero del hábito de Calatrava:* This is a historical military order. See the footnote in Chapter 9.

Estas joyas que en este cofrecito están guardadas, traíalas puestas cuando yo la robé la niña doña Constanza de Acevedo y Meneses.

Hícela desaparecer de su casa de Madrid a las ocho de la mañana del día de la Ascensión del Señor,[2] *en el año mil quinientos noventa y cinco".*

Oyendo leer este papel, la corregidora se volvía loca° al pensar que podía recobrar a su hija tantas veces llorada; besaba mil y mil veces los pendientes y el collarcito, abrazaba a su marido y a la gitana, se desmayaba y volvía en sí,° hasta que, al fin, recobrando el habla, pudo con voz débil decir:

—Pero, buena mujer, ángel más que gitana: ¿dónde está la prenda de mi alma, la niña de quien eran estas joyas?

—¿Dónde ha de estar° sino en vuestra propia casa? —repuso la gitana—. ¿Cómo no la habéis reconocido si es vuestro vivo retrato, en aquella linda gitanilla que en el salón os está esperando?

Aún no había dicho la vieja las últimas palabras de su discurso cuando ya la corregidora corría al lado de Preciosa, a quien encontró todavía llorando, rodeada de las otras señoras y de las doncellas y criadas de la casa. Se acercó la señora a la niña, y apresuradamente° buscó en el lado izquierdo de su cuello un lunarcito blanco que, de nacimiento, tenía su Constanza. Después, sin que Preciosa pudiera darse cuenta de lo que le pasaba, la descalzó° y en su pie de nieve y marfil° halló también la señal que buscaba: un poquito de carne conque se unían y trababan° por en medio los dos últimos dedos del pie derecho, y que de niña no le habían querido cortar por no hacerla sufrir.

Comprensión

A. Contesta las siguientes preguntas.

1. ¿Qué traía bajo el brazo la abuela de Preciosa?
2. ¿Qué les rogó la gitana vieja a los corregidores?
3. ¿Qué hizo cuando se encontró a solas con ellos?
4. ¿Qué sacó del cofrecillo y puso en manos del corregidor?

---

se volvía loca was going crazy
volvía en sí recovered consciousness
¿Dónde ha de estar? Where can she be?
apresuradamente quickly
lunarcito small mole
descalzó took off her shoe
marfil ivory
trababan were joined

[2] *el día de la Ascensión del Señor:* According to the Catholic Church, this day celebrates Christ's miraculous ascent to Heaven. It is celebrated on a Thursday, forty days after Easter.

5. ¿Cómo reaccionaron los corregidores al ver estos objetos?
6. ¿Qué decía el papel que dio la gitana al corregidor?
7. ¿Qué hizo la corregidora al decirle la gitana que su hija era Preciosa?
8. ¿Encontró las señales que buscaba? ¿Cuáles eran estas señales?

B. ¿Qué opinas?

1. ¿Por qué crees que la gitana decidió confesar la verdad? ¿Lo hizo por interés de que la gitanilla pudiera casarse y disfrutar ella de su fortuna o lo hizo porque quería que Preciosa fuera feliz? ¿Crees que la gitana estaba realmente arrepentida de haber robado a la niña? Comparte tus opiniones con tus compañeros de clase.
2. ¿Te parece que a la corregidora le queda la menor duda de que Preciosa es su hija Constanza? ¿Por qué? ¿Son suficientes las pruebas físicas que vio la corregidora? ¿Te convencerían a ti?

Antes de leer: *¿Cómo crees que los corregidores reaccionarán con la vieja gitana? ¿La castigarán por su grave delito? ¿La castigarías tú estando en el lugar de los corregidores?*

27

Preciosa devuelta a sus padres

Estas señales unidas al testimonio de la vieja, las joyas, el día y hora en que la niña desapareciera de su casa, todo ello le confirmaba a la corregidora de un modo indudable que la gitanilla Preciosa era su hija Constanza, su prenda muy amada, por la que tanto tiempo había llorado sin cesar. Ahora, la abrazaba, lloraba y reía al mismo tiempo y, al fin, llamó a su esposo y le dijo poniendo a Preciosa entre sus brazos:

—Aquí tenéis, señor, a vuestra hija Constanza, tanto tiempo buscada, por la que hemos derramado tantas lágrimas. Es ella misma; pues he visto la señal del cuello y la del pie; pero, aunque estas señales no me dijeran que es mi hija, el corazón me lo está diciendo desde el instante en que mis ojos la vieron.

Confesó el corregidor que a él le había sucedido lo mismo, y no se cansaban los dos esposos de contemplar a su hija perdida y recobrada, y no cesaban de acariciarla para cerciorarse° bien de que ya la tenían a su lado para siempre.

Preguntó la gitana vieja qué sería de ella; y el corregidor le dijo que, aunque bien merecía la horca° por su grave delito, él quería perdonarla por la alegría tan grande que ahora les traía y por lo bien que había criado a su Constanza.

—Lo que no podré perdonarte —añadió— es que, sabiendo la alta calidad de Preciosa, la hayas prometido a un gitano homicida y ladrón.

—¡Ay, eso no! —dijo a esto Preciosa—. Que Andrés el gitano, mi prometido esposo, ni es Andrés ni gitano ni ladrón, porque le calumniaron,° ni homicida sino vengador de quien le afrentó.°

—¿Cómo? ¿Dices que no es ladrón ni gitano, hija mía?

---

cerciorarse to make sure
horca gallows
calumniaron slandered
afrentó insulted

—No, señor, sino don Juan de Cárcamo, que por mi amor se avino a dejar su traje, condición y regalada vida para seguir —sólo por dos años— la errante y miserable vida de la gitanería. Ved si sería injusto condenar a tan noble caballero sin siquiera avisar al Conde, su padre, para que venga a defenderlo.

Y en pocas y discretas palabras contó a sus padres cuanto nosotros ya sabemos: cómo siempre había creído ser gitana y nieta de la vieja, aunque se había estimado en mucho más de lo que de ser gitana se esperaba;° cómo había conocido a don Juan; y cómo él se había enamorado de ella, y ella, por ser señor tan alto, no había querido creerle y le había puesto aquella prueba. . . y cómo don Juan se había convertido en Andrés, y cómo, poquito a poco, por sus muchos méritos, había llegado a amarle tiernamente.°

Esto último lo dijo ruborosa° y con la vista baja, pero todo ello con tanta discreción y gracia que, aunque no la hubieran reconocido por hija, les enamorara. Y, viéndola llorar de nuevo, le dijo así su padre:

—No llores más, Preciosa mía —que este nombre de Preciosa quiero que se te quede como memoria de tu pérdida y de tu hallazgo—; no llores más, que tu padre va a devolverte muy pronto a tu galán.

Comprensión

A. Contesta las siguientes preguntas.

1. ¿Confirmó la corregidora que Preciosa era su hija?
2. ¿Qué hizo entonces la corregidora? ¿A quién llamó y para qué?
3. ¿Por qué está segura la corregidora de que ésa era su hija?
4. ¿Había sentido algo también el corregidor que le decía que Preciosa era hija suya?
5. ¿Qué decidieron hacer los corregidores con la vieja?
6. ¿Le perdonaron todo?
7. ¿Siguió Preciosa diciendo que Andrés era gitano?
8. ¿Decidieron los corregidores cambiarle de nombre a Preciosa? ¿Por qué?

---

aunque se había estimado . . . esperaba although she had a better opinion of herself than one would expect a gypsy to have

tiernamente tenderly

ruborosa blushing

B. ¿Qué opinas?

1. ¿Te parece que fueron justos los corregidores con la gitana vieja? ¿Es importante castigar siempre al culpable o hay excepciones? Da ejemplos.
2. ¿Hizo bien Preciosa en descubrir la identidad de Andrés o debió guardar el secreto? ¿Qué crees que pasaría si Preciosa no revelara la identidad de Andrés?

Antes de leer: *¿Te parece que lo que le está pasando a Andrés y a la gitanilla es en gran parte culpa de ellos mismos? Cuando leas este pasaje, deduce lo que opina el corregidor al respecto.*

28

El encuentro en el calabozo

Triste y pesaroso,° cargado de cadenas, con grillos en los pies y esposas° en las manos, estaba Andrés en el oscuro calabozo cuando entró a verle el corregidor. Había éste ya escrito todo el suceso al Conde, padre del galán —que resultó ser muy amigo suyo—; mas antes de dar la buena nueva al enamorado de Preciosa, quiso asustarle un poco en castigo al engaño usado con sus padres. Así fue que entró en el calabozo tan ceñudo y hosco° que Andrés creyó llegada su última hora.

—¿Cómo está la buena pieza?° —dijo el corregidor con voz de trueno—. ¡Así tuviera yo ahora atraillados° a todos los gitanos ladrones que infestan nuestra España, que de un golpe acabara con ellos! Pues sabed, señor ladrón, que yo soy el corregidor de vuestra ciudad y vengo a que me digáis si es vuestra esposa una linda gitanilla que ha venido siguiendo vuestros pasos.

Acongojóse Andrés con esta pregunta; pues, como recordaréis, era celoso, y no se le ocurrió otro pensamiento sino que el corregidor se había enamorado de Preciosa. Con todo respondió:

—Si ella ha dicho que soy su esposo, eso es la verdad; y, si ha dicho que no lo soy, también es verdad, porque no es posible que Preciosa mienta.

—¿Tan verdadera es?

—Tanto como pueda serlo la más alta dama.

—Pues a fe que no es poca rareza la de ser verdadera siendo gitana. Y habéis de saber que ha dicho ser vuestra prometida; y desde que entrasteis en la cárcel no ha parado de llorar y suplicar que la casen con vos, pues, si morís, quiere tener el alto honor de ser vuestra viuda.

---

pesaroso sorrowful
esposas handcuffs

ceñudo y hosco frowning and sullen
buena pieza fine fellow

Así tuviera . . . atraillados If I only now had chained

—No es otro mi deseo, señor corregidor, que, como yo me case con ella, creo que me iré menos triste a la otra vida.

—¿Tanto la quieres?

—Tanto que, a poderlo decir, no fuera nada.° Así, señor corregidor, haga su señoría que nos desposen pronto° que, en teniendo su gracia, estoy seguro que no ha de faltarme la del cielo.°

—Pues esta noche te sacarán de aquí —dijo el corregidor— y te llevarán a mi casa, donde te casarán con tu Preciosa. Y mañana a mediodía estarás en la horca, y yo habré cumplido con la justicia y con vuestro deseo.

Dicho esto, salió del calabozo.

Comprensión

A. Contesta las siguientes preguntas.

1. ¿Dónde estaba Andrés y cómo estaba?
2. ¿Quién entró a verle? ¿Qué intención tenía?
3. ¿A quién había escrito el corregidor? ¿Lo conocía?
4. ¿Qué expresión tenía el corregidor cuando entró al calabozo y cómo le habló a Andrés? ¿Por qué?
5. ¿Qué le preguntó el corregidor a Andrés?
6. ¿Qué pensó Andrés de la pregunta del corregidor?
7. ¿Qué le dijo el corregidor que le había pedido la gitanilla?
8. ¿Cuándo los casarían y cuándo sería ejecutada la sentencia?

B. ¿Qué opinas?

1. ¿Crees que Andrés ya ha sufrido lo suficiente? ¿Se merece el susto que le quiere dar el corregidor o crees que lo debería liberar inmediatamente? ¿Por qué?
2. ¿Por qué te parece que el corregidor pregunta a Andrés si es verdad que Preciosa es su esposa? ¿Qué pretendía el corregidor? ¿Crees que fue buena la respuesta de Andrés? Explica.

---

que, a poderlo decir, no fuera nada words cannot express it

haga su señoría que nos desposen pronto let your lordship have us married soon

no ha de faltarme la del cielo I shall not lack that (the grace) of heaven

Antes de leer: *¿Crees que Andrés soportará con valor el destino que cree que le espera? ¿Estará arrepentido de haber aceptado la prueba? ¿Te hubieras arrepentido en su lugar?*

29

Andrés en casa del corregidor

En verdad que el señor corregidor estuvo un tanto cruel con el galán; y en verdad también que éste, aunque se hiciera el hombre fuerte,° se quedó —con aquello de la horca para el día siguiente— bastante cariacontecido.° ¡Ahí era nada perder la vida en los mejores años de ella, y sin poder avisar ni despedirse de sus padres, y sin la gloria del soldado en el campo de batalla sino en la cárcel con la ignominia° del ladrón! Y, sobre todo, perder a Preciosa, no ver más a Preciosa. . .

A las diez de la noche, sin esposas, pero con una gran cadena que le ceñía° todo el cuerpo, le condujeron a casa del corregidor. De este modo le entraron en el gran salón donde pudo ver reunida a toda la nobleza del pueblo y a Preciosa sentada en un sitio preferente del estrado,° pero ya no vestida de gitana sino con magnífico traje de blonda° y terciopelo y alhajada con primorosas° joyas que realzaban° de modo extraordinario su belleza. Algo se sorprendió Andrés al notar este cambio, pero pensó que la gitanilla, con su buena gracia, se había conquistado el corazón de los señores y ellos habían tenido gusto en obsequiarla y vestirla de aquel modo.

Mas a Preciosa, al ver a Andrés aherrojado y doblado por el peso de la cadena, descolorido el rostro, y con señales de llanto en los ojos —¡él tan fuerte y valeroso!—, se le oprimió el corazón y no pudo por menos de mirar° angustiada a su madre. Ésta, volviéndose a su esposo, le dijo por lo bajo:

—¿No es hora, don Fernando, de que cesen de pasar sustos° estos pobres niños? No sea que,° de susto en susto, lleguen uno u otro a perder la vida.

—No temas —dijo él—, que pronto será todo alegrías.

---

se hiciera el hombre fuerte played the part of a strong man
cariacontecido crestfallen
ignominia disgrace
ceñía restrained
estrado drawing room
blonda silk lace
primorosas elegant
realzaban heightened
no pudo por menos de mirar she could but look
sustos shocks
No sea que Lest it be that

Y, volviéndose a un sacerdote que también se hallaba allí, añadió señalando a Preciosa y a Andrés:

—He aquí, señor cura, al gitano y a la gitanilla que habéis de desposar.

—No podré hacerlo —replicó el sacerdote— si no preceden las debidas circunstancias. ¿Dónde se han dicho las amonestaciones?° ¿Dónde está la licencia° de los padres?

—Es que el tiempo urge° —interrumpió el corregidor—, y este caballerito ha de pagar mañana cierta cuentecilla. . .

—Pues suspéndase la pena hasta después del casamiento y hágase éste con todos los requisitos; si no, yo no los caso.

Dijo el sacerdote y, sin atender a ruegos ni a súplicas, salió del salón y de la casa.

Comprensión

A. Contesta las siguientes preguntas.

1. ¿Qué le dolía a Andrés, además de perder la vida?
2. ¿Adónde llevaron a Andrés a las diez de la noche? ¿Cómo iba?
3. ¿A qué parte del palacio lo condujeron? ¿Quién estaba presente?
4. ¿Dónde estaba sentada Preciosa? ¿Cómo estaba vestida?
5. ¿Qué pensó Andrés de la vestimenta y las joyas que llevaba Preciosa?
6. ¿Qué hizo la madre al ver a Preciosa tan triste por su prometido?
7. ¿Casó el sacerdote a Preciosa y a Andrés? ¿Por qué?
8. ¿Qué pidió el sacerdote?

B. ¿Qué opinas?

1. ¿Te parece necesaria la humillación y sufrimiento a que está sometiendo el corregidor a Andrés? ¿Crees que el corregidor está disfrutando de la situación? ¿Por qué?
2. ¿Crees que todos los presentes en el salón están al tanto de todo? Da razones.

---

amonestaciones marriage banns   **licencia** permission   **urge** is pressing

Antes de leer: *La hora de revelar la verdad ha llegado. ¿Cómo crees que Andrés reaccionará ante la noticia? Lee el pasaje y saca tus propias conclusiones.*

30

Andrés es puesto en libertad

Entonces habló don Fernando, el padre de Preciosa:

—Quizás sea ésta providencia del cielo para que el suplicio° de Andrés se dilate° —dijo—, ya que yo le he dado mi palabra de que antes de morir ha de casarse con Preciosa. ¡Quién sabe lo que puede suceder en este tiempo! Acaso, acaso de aquí a entonces nos dirá el mancebo si para ser dueño de la mano de Preciosa prefiere llamarse el gitano Andrés Caballero o el muy ilustre señor don Juan de Cárcamo.

Por un momento Andrés no se dio cuenta de lo que oía; al instante, sin embargo, se repuso y contestó:

—Pues sabéis mi nombre y mi condición, yo no he de ocultarlos por más tiempo; pero sabed también que, aunque fuera rey o emperador, aun me parecería poco para merecer la mano de Preciosa.

Y dijo el corregidor:

—Pues por ese gran amor que habéis probado y el buen ánimo que mostráis, yo quiero daros hoy a vuestra Preciosa; pero no con los sustos y disgustos que pensabais pasar, sino para que gocéis de su amor muchos años, con el consentimiento y aprobación de vuestros padres. Y sabed que, al dárosla, os doy la joya de mi casa, mi única y adorada hija doña Constanza de Acevedo y Meneses, que os iguala no sólo en el amor sino también en el linaje.°

Como atontado° quedó el galán al escuchar estas razones. Fue preciso que la misma Preciosa le contara tres o cuatro veces toda su historia y le dijera cómo no era nieta de la gitana vieja, sino que había sido robada por ella cuando niña; cómo la vieja, al ver reunidos a la hija y a los padres, había creído en un milagro y había confesado su delito; y cómo doña Guiomar,

---

suplicio execution
se dilate be delayed
linaje lineage, background
atontado stunned

por las señales del cuello y el pie de Preciosa y por las joyas que consigo llevaba la niña al ser robada, había reconocido ser verdad la confesión de la gitana. Y, cómo él, don Juan (que ahora ya había dejado para siempre de ser Andrés), estaba en libertad, sólo faltaba que sus padres —ya avisados— llegaran a Murcia para celebrar las bodas con toda pompa y boato.°

Comprensión

A. Contesta las siguientes preguntas.

1. ¿Qué dijo el corregidor? ¿Reveló por fin la identidad de Andrés?
2. ¿Qué contestó don Juan?
3. ¿Estaba el corregidor convencido del amor de don Juan hacia Preciosa?
4. ¿Dio a conocer el corregidor quién era Preciosa?
5. ¿Cómo era el verdadero nombre de Preciosa?
6. ¿Eran la fortuna y el linaje de Preciosa inferiores a los de don Juan?
7. ¿Comprendía don Juan lo que pasaba?
8. ¿Iban a asistir a la boda los padres de don Juan?

B. Pon en orden cronológico (1–10) los siguientes sucesos de los Capítulos 26–30.

___ La corregidora corre junto a Preciosa y le revisa el cuello y el pie.
___ Preciosa revela la identidad de Andrés a los corregidores.
___ Andrés es llevado a casa del corregidor en cadenas.
___ El corregidor revela que Preciosa es su hija y deja en libertad a Andrés.
___ La corregidora confirma que Preciosa es su hija y le informa a su esposo.
___ La vieja gitana revela a los corregidores que Preciosa es la hija que ella les había robado.
___ El sacerdote se niega a casar a Preciosa y Andrés hasta que se cumplan todos los requisitos.
___ El corregidor pide al sacerdote que case a Preciosa con Andrés.
___ Los corregidores perdonan el robo de la gitana vieja.
___ El corregidor va a ver a Andrés al calabozo.

---

pompa y boato pomp and show of wealth

C. ¿Qué opinas?

1. ¿Ha probado don Juan su amor por Preciosa? ¿Por qué? ¿En algún momento ha vacilado y se ha arrepentido? Explica.
2. En la época en que se escribió la novela eran muy importantes el linaje y la fortuna. ¿Crees que el mundo ha cambiado desde entonces? ¿Por qué? Da ejemplos concretos.

Antes de leer: *¿Anticipabas que esta novela tendría un fin feliz, o pensabas que algo trágico les pasaría a los protagonistas? ¿Por qué? Antes de leer este capítulo, escribe tu propia versión del último capítulo de* La Gitanilla.

31

Todo acaba en boda

Transcurrieron estos días de espera en fiestas y banquetes, que los corregidores dieron a toda la ciudad para celebrar el encuentro de su amada hija. No hay para qué decir que Preciosilla era la reina de estas fiestas y, con su hermosura y con su gracia, enamoraba a cuantos la miraban. Todos querían escuchar de sus labios los lindos romances que tan famosa la habían hecho en la Corte, y ella no se hacía rogar° y cantaba romances y bailaba seguidillas y hasta —burla burlando° con aquel gracejo que Dios le dio— decía la buenaventura a los presentes.

La gitana vieja se quedó para siempre en la casa, pues no quiso separarse de la que siguió llamando su nieta Preciosa. Los gitanos y gitanillas fueron puestos en libertad y, enterados del fausto suceso,° y aunque muy contentos con los magníficos regalos que les hicieron los nobles corregidores, no pudieron por menos de derramar lágrimas al despedirse de Preciosa y de Andrés.

La Carducha fue encarcelada hasta que confesó su mentira; y, después perdonada por la generosidad de los dos enamorados. La única tristeza entre tanta alegría fue cuando Preciosa y su galán quisieron buscar a su buen amigo Clemente para hacerle partícipe de su dicha, supieron que había pasado al puerto de Cartagena y embarcado allí con rumbo a Génova.

No tardaron mucho en llegar a la ciudad los Condes, padres de don Juan. A su llegada hubo fuegos y luminarias,° fiestas y felicitaciones por todas partes. Ellos, al ver a su hijo tan feliz y prometido a doncella de tanta alcurnia,° belleza y honestidad, le perdonaron de buena gana° el engaño y la aventura.

---

ella no se hacía rogar she did not make them beg her
burla burlando jestingly
fausto suceso happy event
luminarias lights
alcurnia lineage
de buena gana willingly

Fueron las bodas como correspondía a personas de tanta calidad. Duraron las fiestas más de veinte días y hubo en ellas toros, cañas° y luminarias. Las celebraron los más altos poetas y, aunque nuestros dos enamorados, rodeados de hijos, de dichas y riquezas, alcanzaron una larga vida y murieron hace ya muchos años, la fama de su amor y de la belleza y gracia de Preciosa la gitanilla durarán mientras los siglos duren.

Comprensión

A. Contesta las siguientes preguntas.

1. ¿Cómo celebraron los corregidores el encuentro con su hija?
2. ¿Dónde se quedó a vivir la gitana vieja?
3. ¿Qué pasó a los gitanos que habían sido encarcelados?
4. ¿Por qué lloraron los gitanos y las gitanillas?
5. ¿Qué le pasó a la Carducha?
6. ¿Vino Clemente a la boda? ¿Por qué?
7. ¿Cómo se celebraron las bodas?
8. ¿Cómo era la vida de Preciosa y don Juan después de casados?

B. ¿Qué opinas?

1. ¿Qué constituye una gran obra literaria? ¿Lo es *La Gitanilla*? ¿Por qué?
2. ¿Te gustó esta novela? ¿Por qué? Compara tus opiniones con las de tus compañeros de clase.

---

cañas Andalusian folk songs

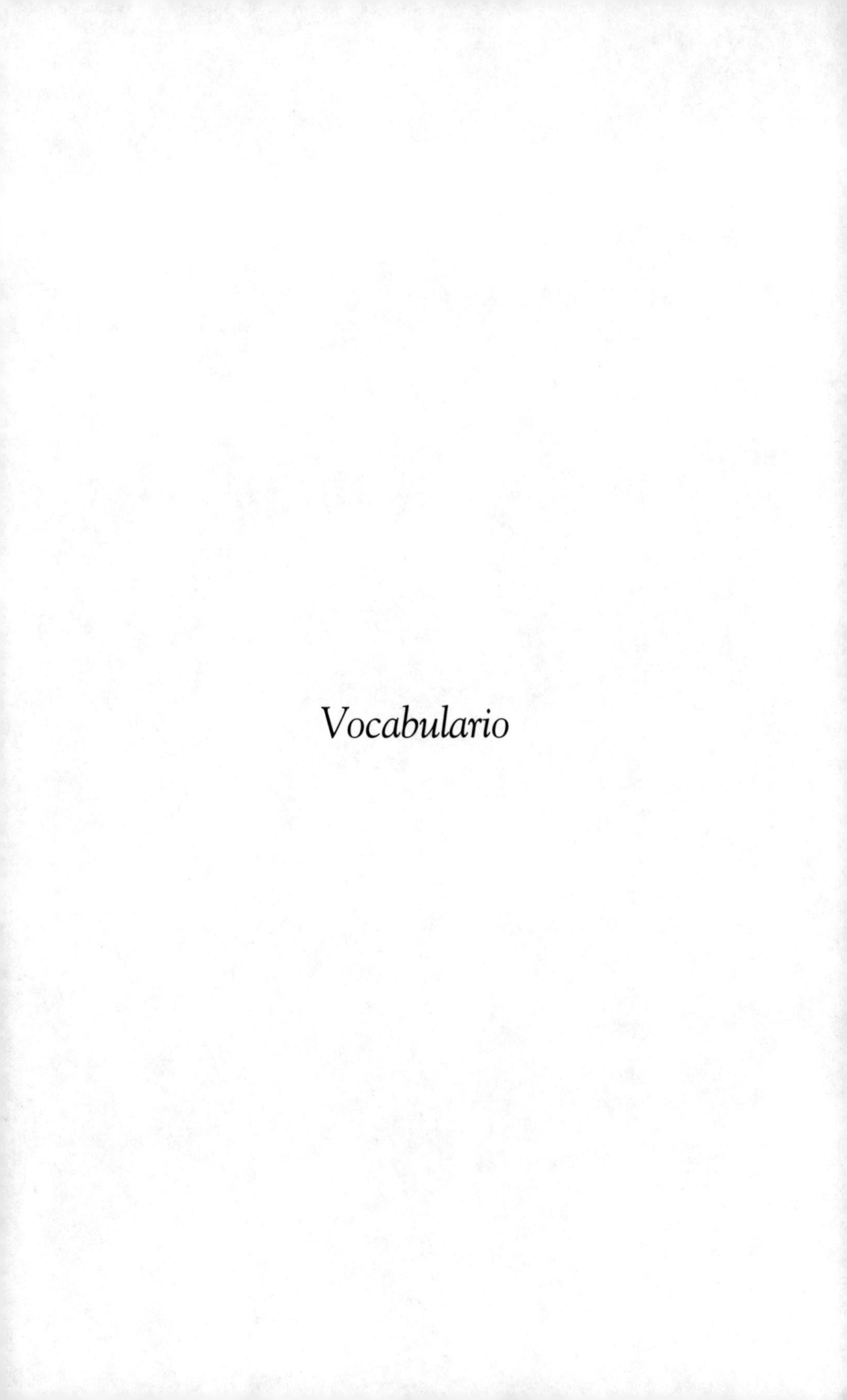

Vocabulario

The Spanish-English *Vocabulario* presented here represents the vocabulary as it is used in the context of this book.

Nouns are given in their singular form followed by their definite article only if they do not end in **-o** or **-a.** Adjectives are presented in their masculine singular form followed by **-a.** Verbs are given in their infinitive form followed by the reflexive pronoun **-se** if it is required; by the stem-change **(ie), (ue), (i);** or by the orthographic change **(c), (gu), (qu).** Another common pattern among certain verbs is the irregular **yo** form; these verbs are indicated as follows: **(g), (j), (y), (zc).** Finally, verbs that are irregular in several tenses are designated as **(IR).**

A

a to, at
  a continuación now, following what was previously stated
  a medida que as, while
  a primera vista at first sight
abajo below, down
abandonar to abandon
abiertamente openly
abogado counselor, advocate
abrazado, -a embraced
abrazar (c) to embrace
abrir to open
abrupto, -a craggy, rugged
abstener (IR) to abstain
abuela grandmother
abuelo grandfather; *(pl.)* grandparents, ancestors
abundante abundant, profuse
acabar to end
acampar to encamp, camp
acaramelado, -a sweet
acariciar to caress
acaso perhaps
aceite, el oil
aceptar to accept
acerca de about, concerning, with regard to
acercarse (qu) to approach
acertar (ie) to hit the mark; to be correct
acometer to attack, charge
acomodarse to adapt
acompañamiento accompaniment
acompañar to accompany
acongojarse to become distressed or anguished
acostarse (ue) to lie down
acostumbrado, -a accustomed
acostumbrar to accustom
actitud, la attitude
actuar to act
acudir to attend; to come to a place or a person
acuerdo agreement
  de acuerdo a according to
  estar de acuerdo to agree, be in agreement
acusar to accuse
adaptar(se) to adapt
adelante forward, ahead
además moreover, besides
adentros one's self
aderezado, -a dressed
adivinar to divine, foretell future events
admiración, la admiration
admirado, -a bewildered, puzzled, astonished
admirador, el male admirer
admirar to admire
adonde where, whither

adorado, -a adored, beloved
adornado, -a adorned
adornar to adorn, decorate
adorno ornament, jewelry
aduar, el company of gypsies
adversario, -a *(n.)* adversary
afamado, -a famed, famous
afectar to affect
aficionado, -a fond
afirmar to affirm, state
aflojar to loosen, open
afrenta affront, insult
afrentar to affront, insult
agasajo attention, friendly reception; token of esteem, kindness
agradar to please
agradecer (zc) to thank, be grateful for
agrado liking
agua, el *(f.)* water
aguardar to await, wait for
agudeza smartness; sharpness *(of wit)*
aherrojado, -a chained
ahí there
ahogado, -a drowned, choked, strangled
ahogarse to drown
ahora now
ahorcar (qu) to hang
ahuyentar to drive away
aire, el air
alabanza praise, flattery
alarmado, -a alarmed
alba, el *(f.)* dawn
alborotado, -a restless
alcalde, el justice of the peace, mayor
alcanzar (c) to attain, achieve
alcornoque, el cork tree
alcurnia lineage
  ser de alta alcurnia to come from a good or noble family
aldea village
alegrarse to be glad
alegre happy
alegría joy, happiness
alejarse to go away from
alfombra carpet, rug
algo something; somewhat
algún some
algunos, -as some
alhajado, -a bejeweled
alivio relief, alleviation, ease
allá there
allí there
alma, el *(f.)* heart, soul
alojarse to lodge, stay
alquiler, el rent, wages, hire
alto, -a high, tall
alzar (c) to raise
amable friendly, amiable
amado, -a loved, beloved
amante *(m. & f.)* lover
amar to love
ambos, -as both
amenazar (zc) (c) to threaten
amigo, -a *(n.)* friend
amistad, la friendship
amo, -a *(n.)* master
amonestaciones, las marriage banns
amor, el love
amoroso, -a amorous, loving
analfabetismo illiteracy
analizar (c) to analyze
anciano, -a old
ancho, -a wide
andante wandering
andar to walk, go
anécdota anecdote
ángel, el angel
angustiado, -a sorrowful, grief-stricken
animar to cheer, encourage
ánimo spirit, courage
ante before, in front of
anterior before, previous
antes (de) before, first
  antes bien rather

antiguo, -a old, ancient
antojo fancy, whim
añadir to add
año year
aparición, la apparition
apartado, -a removed
apartar(se) to draw aside, leave; to dissuade; to take away
aparte apart, aside
apenas scarcely, hardly
aplicar (qu) to apply
apostar (ue) to bet
apoyar to support
  apoyarse to lean
aprestar to prepare, make ready
apresuradamente quickly, hurriedly
apresurarse to hurry
aprisionado, -a imprisoned
aprisionar to imprison
aprobación, la approval, approbation
aproximar to draw near, approach
apuesta bet
apuesto elegant, genteel; handsome
aquel *(m.)* that
aquél *(m.)* that one, the former
aquella *(f.)* that
aquí here
  por aquí this way
árbol, el tree
argumento argument, assertion
armar to set up; to arm; to cause *(a scandal)*
armas arms, weapons
arrancar (qu) to wrest, pull out, tear off
arrastrar (se) to crawl; to drag
arreglado, -a arranged
arremeter to lunge toward
arrepentido, -a repentant
arriesgar (gu) to risk
arrimar to lean against; to draw close to
arrojar to throw, cast
artificio artifice, affectation
asaltar to attack, assault
ascensión, la ascension
ascua, el *(f.)* ember
asegurar to assure
asentar(se) (ie) to settle; to establish (oneself)
asentir (ie) (i) to agree, acquiesce
aseo neatness, tidiness
así thus, so
asido, -a seized
asistir to attend; to assist
asomar(se) to appear
asombrado, -a surprised, astonished
asombro astonishment
aspaviento fuss, extravagant behavior
  hacer aspavientos to make a fuss
aspecto aspect; appearance
astuto, -a astute, shrewd, cunning, clever
asunto business, affair, matter
asustar to frighten
atacado, -a attacked
atención, la attention
  llamar la atención to call attention
atender (ie) to heed, tend to
atentamente attentively
atontado, -a stunned, dizzy
atraer (IR) to attract
atraillado, -a leashed; bound
atrás behind
atreverse to dare
atrevido, -a daring, forward
aumentar to increase
aun even
  aun cuando even if, even though
aún still, yet
aunque although
auxiliar to help, aid
avaricia avarice
avaro, -a avaricious, miserly
avenirse (IR) to agree

aventura adventure, hazard
averiguar to find out, seek information
avisar to notify
avivar to enliven, quicken
ay woe, oh
ayudar to help, aid
azorado, -a distraught; alarmed

B

bagajes, los baggage
bailador, - a *(n.)* dancer
bailar to dance
bailarín, -ina *(n.)* dancer
baile, el dance
bajo under
bajo, - a low
balcón, el balcony
balde, el bucket
  de balde free of cost; readily, easily
banderola streamer, bannerol, pennant
banquete, el banquet
bañar to bathe
barra bar *(used in a country game in Spain, similar to throwing the javelin)*
barraca hut, shack; tent
barro clay
bastante sufficient, fairly
batalla battle
belleza beauty
bello, -a beautiful, good-looking
bendecir (IR) to bless
bendito, -a blessed
besar to kiss
beso kiss
bien well
bizarro high-spirited, brave
blanco, -a white
blandamente softly
blando, -a soft
blonda silk lace
boato ostentation, show of wealth
boca mouth
boda(s) wedding ceremony
bofetón, el cuff, violent slap in the face
bolo ninepins, bowling
bolsa purse, pocketbook
bolsillo purse, pocket
bolsita little purse or bag
brazo arm
brillar to shine
brillo shine, glimmer
brinco small jewel
brío strength, spirit, courage
brocado gold or silver brocade
broma practical joke
  broma pesada cruel practical joke
buenaventura fortune
bueno, -a good
bulto bundle, pack
  a bulto haphazardly
burla hoax, trick
burlarse (de) to make fun (of), jest
buscar (qu) to look for

C

cabal accomplished; honorable
caballerito young gentleman
caballeriza stable
caballero gentleman, knight
caballo horse
caber (IR) to fit in a space
cabeza head
cabriola leap, hop, skip
cada each
cadena chain
caer (IR) to fall
calabozo dungeon, cell
calidad, la quality, station in life
calificar (qu) to qualify; to describe; to rate, grade
calmar to quiet, calm
calumniar to slander
callar to keep quiet, be silent

calle, la street
camarada, el comrade
cambiar to change, exchange
cambio change, exchange
caminante, el traveler
camino road, way
 camino de on the road to
campamento camp
campo countryside, field
cansado, -a tired
cansar(se) to tire; to grow tired
cantar to sing
caña Andalusian folk song
capa cape
capaz capable, able
capricho whim
capturar to capture
cara face
caravana caravan
carácter, el character, personality
cárcel, la jail
cargado, -a burdened, borne
cargar (gu) to burden; to load
cariacontecido, -a crestfallen
caridad, la charity
cariño affection, love, tenderness
caritativo, -a charitable
carmesí crimson
carne, la flesh, meat
casa house, home
casado, -a married
casamiento marriage
casarse to marry
casco fragment of an earthen vessel
casi almost
caso case
 hacer caso to pay attention to
castañuela castanet
castigar (gu) to punish
castigo punishment
casual by chance
casualidad, la chance
 por casualidad by chance, perchance
caudal, el wealth, fortune
causa cause
causar to cause
cautivar to captivate
cavar to dig
cavilación, la caviling, faultfinding
cavilar to find fault, cavil
caviloso, -a *(n.)* faultfinder
caza game, chase; hunt
cecear to lisp
celebrado, -a famous
celebrar to celebrate
celos, los jealousy
celoso, -a jealous
centro center
ceñir (i) to gird, strap on; to fit tightly *(clothes)*; to restrain
ceñudo, -a frowning
cepo stocks *(for punishment)*
cerca near
cercano, -a nearby, near
cerciorarse to make sure
ceremonia ceremony
cesar to cease, end
chaveta linchpin
 perder la chaveta to lose one's mind
chico, -a *(n.)* small boy, small girl
chillar to scream, shriek
chiquillo small boy
choza hut
cielo heaven; sky
ciencia science
cierto, -a certain, true, correct
cinta ribbon
cintillo hatband
ciprés, el cypress
circunstancia circumstance
ciudad, la city
claro, -a clear
claro *(adv.)* clearly
clase, la kind, class
codicia covetousness, greed
codiciado, -a coveted, desired

cofre, el trunk, box, chest
cofrecillo *Diminutive of* ***cofre***
cofrecito *Diminutive of* ***cofre***
coger (j) to catch; to pick
coincidencia coincidence
colchón, el mattress
colegial, el college student
collar, el necklace
collarcito little necklace
colocar (qu) to place
color, el color
comentar to comment
cometer to commit
como as, like
¿cómo? how?
comodidad, la comfort, luxury
compadecer (zc) to pity
compañero companion
compañía company
compensar to compensate
componer (IR) to compose
comportamiento behavior
comprar to buy
comprender to understand
comprobar (ue) to check, verify
con with
concebir (i) to conceive
concepto concept, notion; esteem
conciencia conscience
conde, el count; *(pl.)* count and countess
condesa countess
condenar to condemn; to sentence
condición, la condition; station in life
conducir (IR) to lead; to take
conducta conduct, behavior
confesar (ie) to confess
confesión, la confession
confiar to confide, trust
confirmar to confirm
confitura confection, sweetmeat
conformar(se) to conform, agree
confusión, la confusion
confuso, -a confused, bewildered
conmigo with me
conocer (zc) to know
conocido, -a known; *(n.)* acquaintance
conquistar to conquer
consecuencia consequence
conseguir (i) to obtain, achieve, get
consentimiento consent
considerar to consider
consigo with him, with her, with them
consistir to consist
 consistir en to consist of
consolar (ue) to console
constancia constancy, perseverance
constituir (y) to make up, constitute
contar (ue) to count; to consider; to tell, relate
contemplar to contemplate, gaze upon
contener (IR) to contain; to restrain
contentamiento contentment, happiness
contentísimo, -a very happy
contento, -a happy, contented
contento *(n.)* happiness, contentment
contestar to reply
continuar to continue
contorno neighborhood, surrounding country
contrariar to disappoint; to go against
convencer (z) to persuade, convince
conveniente advisable, convenient
conversación, la conversation
convertir (ie) (i) to convert
 convertirse to become
coqueteo flirting
coral, el coral
corazón, el heart
corona crown
correcto, -a correct, right
corredor, el runner
corregidor, el magistrate

corregidora wife of a magistrate
correr to run
  correr peligro to be in danger, be risky
correría incursion, raid
corresponder to correspond; to return
corrido, -a past, in a row
corriente common, usual
corro group, circle
cortar to cut
corte, la capital, court
cortejar to court, woo
cortesía courtesy
cosa thing
cosecha harvest
cosilla little thing
costado side
costar (ue) to cost
costumbre, la custom
crecer (zc) to grow
credulidad, la credulity, gullibility
creer to believe
criado servant
criar to rear, raise
criatura creature, small child
criminal, el criminal
cruz, la cross
cuadra stable
cual which
¿cuál? what?, which?
cuando when
  de vez en cuando from time to time
¿cuándo? when?
cuantioso, -a rich, numerous
cuanto as much
  cuanto antes as soon as possible
  en cuanto as soon as
  en cuanto a with regard to, concerning
¿cuánto, -a? how much?
¿cuántos, -as? how many?
cuarto small copper coin worth about one cent; room
cubierto, -a covered
cuchichear to whisper; to gossip
cuello neck
cuenta calculation, account
  darse cuenta to realize, be aware
  echar cuentas to count, calculate
  tomar en cuenta to take into account
cuentecilla *Diminutive of* ***cuenta;*** unresolved issue
cuento story, tale
cuerpo body
cuidado care
cuidar to take care of
culpa fault, blame, guilt
culpable guilty
cumplidamente completely, in an accomplished fashion
cumplido, -a complete, real; accomplished; *(p. p.)* complied, fulfilled a promise or agreement
cumplir to fulfill; to comply with
cura, el priest
curandero, -a *(n.)* practitioner of medicine, healer
curar to cure
  curarse to be cured
cuyo, -a whose

D

dádiva gift
dadivoso, -a generous, giving
daga dagger
dama lady
danza dance
dar (IR) to give; to strike
dato datum
  datos data
deber ought to, should, must
debido, -a due
débil weak
decidido, -a determined, decided
decidir to decide
decir (IR) to say, tell
decir, el *(n.)* expression

decisión, la decision
declarar to declare
dedo finger, toe
deducir (IR) to deduce
defender (ie) to defend
defensa defense
en defensa propia in self-defense
dejar to leave; to cease; to let
delante before, in front
delincuente, el delinquent, offender
delito crime
demás rest, other, remainder
por demás exceedingly
demasiado, -a too much
demasiado *(adv.)* too, very, overly
demostrar (ue) to demonstrate
dentro within, in
derecho *(adv.)* right; straight
derecho, -a right; straight
derramar to shed, spill, scatter
desabrido, -a rude, disagreeable; unsavory
desagradar to displease
desaparecer (zc) to disappear
descalzar (c) to remove the shoes
descaminar to go astray
descansar to rest
descolorido, -a discolored, pale
desconfiado, -a suspicious, distrustful
desconfianza mistrust
desconfiar to suspect, mistrust
desconocido, -a unknown; *(n.)* stranger
describir to describe
descubrir to discover, disclose
desde since, from
desdoblar to unfold
desear to desire
desenvuelto, -a forward, brazen
deseo desire
desgracia misfortune
deshacer (IR) to undo
deshacerse to go to pieces, break down
deshacerse en to burst into
desmayarse to faint
desmontado, -a dismounted; dismantled
desnudar to bare
desnudo, -a bare, naked
despedir (i) to emit, give off; to dismiss
despedirse (i) de to take leave of, say good-bye to
desplegar (ie) to deploy, set up
despojar to rob
desposar to marry
despreciar to scorn, disdain
después after, afterwards
destacarse (qu) to detach oneself from; to stand out
destrenzar (c) to unweave
destreza skill
desvanecer (zc) to undo; to vanish
desventaja disadvantage
desventura misfortune
desviar to divert
detener (IR) to detain; to stop; to delay
devolver (ue) to return
día, el day
diamante, el diamond
dicha good fortune, happiness
dicharachero, -a *(n.)* one who uses slang; full of amusing observations
dichoso, -a fortunate, happy
difícil difficult
dije, el small piece of jewelry, charm, trinket
dilatar to postpone, delay
dinerito *Diminutive of* ***dinero;*** small coin
dinero money
Dios God
dirección, la direction; address
directamente directly
dirigirse (j) to head toward; to go

discreción, la discretion, wisdom, prudence
discreto, -a discreet, prudent, wise
discurso speech, talk
disfraz, el disguise
disfrutar to enjoy
disgusto disappointment, displeasure
disipar to dissipate, remove
disminuir (y) to lessen, reduce
dispuesto, -a disposed, ready, willing
distancia distance
distinto, -a different
distraer (IR) to distract
disuadir to dissuade, deter
diverso, -a diverse
doblado, el doubloon *(an old Spanish gold coin, varying in value)*
doblado, - a folded
docena dozen
doler (ue) to hurt, pain
dolor, el pain, grief
don a title of gentry and nobility used only before a man's first name
donaire, el elegance
doncel, el young man
doncella maiden
donde where
doña a title of gentry and nobility used only before a woman's first name
dorado, -a golden gilded
duda doubt
dudar to doubt
dueña mistress, owner
dueño master, owner
dulce sweet
durante during
durar to last
duro, -a hard, difficult, tough

E

echar to throw; to lay; to put
edad, la age
efectivamente indeed, certainly
efecto effect
egoísta *(m. & f.)* egoist, selfish person
ejecutoria pedigree, lineage
ejemplo example
elegir (i) (j) to choose, select
elocuente eloquent
elogio eulogy, praise
ello *(neuter)* it
embarcar (qu) to embark
embargo
  sin embargo nevertheless, however
embaucador, -a *(n.)* con artist
embeleco fraud, trick
embelesado, -a charmed, infatuated
embozado, -a cloaked
embuste, el lie, trick
embustero, -a *(n.)* liar, dissembler
emparentado, -a related, kin
empeñarse to set one's heart on; to persist in attaining something
emperador, el emperor
empezar (ie) (c) to begin
empuñadura hilt of a sword
en seguida soon, immediately
enamoradizo, -a *(n.)* a person who falls in love easily
enamorado, -a *(n.)* lover; *(adj.)* enamored, lovesick
enamoramiento love affair; courting
enamorar to captivate, woo
  enamorarse (de) to fall in love (with)
encantado, -a enchanted
encanto enchantment
encapricharse to capriciously set one's heart on something
encarcelar to imprison, jail
encerrado, -a confined; jailed
encima above
encontrar (ue) to find; to meet
encuentro meeting, encounter

engañar to deceive, trick, cheat
engañarse to deceive oneself
engaño deceit
enigmático, -a enigmatic, mysterious
enojo anger
enseñar to teach
entender (ie) to understand
enterar to inform; to learn
entero, -a entire, whole
entonces then
de entonces of that time
entrada entrance
entrar to enter
entre between, among
entregar (gu) to hand over
entretener (IR) to entertain; to delay
entrometido, -a meddling, busybody
entusiasmado, -a enraptured
envainar to sheathe
enviar to send
envoltorio bundle, pack
época epoch, time
equivocarse (qu) to be mistaken, make a mistake
errante wandering
escapar to escape
escarmiento shame
escoger (j) to choose
escogido, -a chosen
esconder to hide, conceal
escondido, -a hidden
escribir to write
escrito *(p. p.)* written
por escrito in writing
escuchar to listen; to hear
escudo coin; coat of arms
escudo de oro *(old Spanish gold coin)*
esfuerzo effort, toil
esmero careful attention
eso *(neuter)* that
espada sword
espantar to frighten, scare away
especialmente especially
espectáculo spectacle, show
espera *(n.)* wait, waiting
esperar to wait for; to expect; to hope
espiado, -a spied, seen
espléndido, -a splendid
esposa wife
esposas handcuffs, manacles
esposo husband; *(pl.)* husband and wife
espuela spur
esquivo, -a disdainful, aloof
estación, la station
estado state, condition, station in life
estallar to burst, break forth
este *(m.)* this
éste this (one), the latter
estereotipo stereotype
estimar to esteem; to estimate
esto *(neuter)* this
en esto meanwhile
estrado drawing room, parlor
exagerar to exaggerate
excepción, la exception
excepto except
exclamar to exclaim
explicar (qu) to explain
expresamente especially, specifically; purposefully, on purpose
extraño, -a strange, novel, odd
extraordinario, -a extraordinary
extravagante extravagant, out of the ordinary
extremadamente extremely
extremo, -a extreme
en extremo extremely

F

fácil easy
faltar to lack
fama fame
es fama is reputed
familia family

famoso, -a famous
fantástico, -a fantastic
faralá, el flounce, frill
fardo pack, bundle
fausto, -a happy, fortunate
favor, el favor
favorecido, -a favored
fe, la faith
  a fe truly
  dar fe to give testimony
fechoría misdeed
felicidad, la happiness
feliz happy
feo, -a ugly
fiable trustworthy, reliable
fiesta festival
fijamente fixedly, steadfastly
fijarse to notice, note, fix one's attention on
filigrana filigree
filo dividing line
  filo de la medianoche exactly at midnight
fin, el end
  al fin finally, in the end
  por fin finally
fineza finesse, courtesy
firmeza constancy, firmness
físico, -a physical
flor, la flower
formar to form
fortuna fortune
fraile, el friar
frente, la forehead
fresco, -a cool, cold; fresh
frito, -a fried
fruta fruit
fuego fire, bonfire; fireworks
fuente, la spring; fountain
fuera outside, away from
fuerte strong
fuertemente strongly
fuerza force, strength
furia fury
furioso, -a furious

G

galán, el suitor, elegant fellow
galantería gallantry
galera galley
gallardía gallantry, elegance
gallardo, -a elegant, graceful
gallina hen
galón, el *(decorative)* braid, stripe
galope, el gallop
gana willingness
  de buena gana gladly, willingly
ganado cattle
ganancia gain, profit
ganar to win; to gain; to obtain
garbo gracefulness, elegance, dash, charm; proud and assured bearing
gastar to spend; to waste
  gastar largo to spend generously
generalizar (c) to generalize
generosidad, la generosity
gente, la people
gentil genteel, excellent
gitanería company of gypsies
gitanilla *Diminutive of* ***gitana***
gitanismo gypsy life
gitano, -a *(n.)* gypsy
gloria glory
golosina delicacy, candy
golpe, el blow
gorrero capmaker
gozar (c) to enjoy
gozo joy; couplets with a chorus in praise of the Virgin Mary
gozoso, -a happy, joyous
gracejo cheerful and witty way of speaking
gracia grace, wit, charm
graciosamente graciously
grado pleasure; willingness
gran great
grande large, big, great
grandísimo, -a very large, greatest
grave serious
gravemente seriously, deeply
grillos fetters, shackles

gritar to shout
grito cry, shout
grueso, -a heavy, thick
grupo group
guardar to keep; to guard
guardia, el guard
guerra war
guiar to guide, direct, lead
guitarra guitar
gustar (de) to like, enjoy, be pleasing
gusto pleasure

H

haber *(intransitive)* to have
habilidad, la skill
habilidoso, -a accomplished, skilled
habitación, la room
habitar to live, inhabit
hábito habit; garb; order
habla, el *(n.)* speech, talk
hablar to talk
  hablar, el *(n.)* speech, talking
hacer (IR) to make; to do
  hacer méritos to strive to be deserving
hacia toward, to
hacienda estate, fortune
hada fairy
halago flattery, adulation
hallar to find
  hallarse to be; to be located
hallazgo finding, discovery, recovery
hasta until, to, even
hazaña deed
hecho fact
heredero, -a *(n.)* heir
herido, -a wounded; *(n.)* a wounded person
herir (ie) (i) to wound
hermano brother
hermana sister
hermoso, -a beautiful; handsome
hermosura beauty
hierro iron
hija daughter
hijo son; *(pl.)* children
historia story; history
hombre, el man
hombro shoulder
homicida *(m. & f.)* murderer; *(adj.)* homicidal, murderous
hondo, -a deep
honestidad, la modesty, chastity
honesto, -a modest, virtuous, chaste
honores, los honors, dignity, rank
honra honor
honrado, -a honest, honorable
hora hour; time
horca gallows
horrible horrible
hosco, -a sullen, gloomy
huir (y) to flee
humilde humble
humildemente humbly
humillación, la humiliation

I

identidad, la identity
ignominia ignominy, disgrace
igual equal, same, alike
igualar to equal; to equalize
ilustre illustrious, famous
imagen, la image
imaginación, la imagination, fancy
imaginar to imagine
impaciente impatient
impedimento impediment, obstacle
impedir (i) to prevent, impede
imperio empire
implorar to implore, plead
importar to matter
imposible impossible
improperio insult
inclemencia inclemency
inclinado, -a inclined, disposed
inclinar to influence; to show
indicar (qu) to indicate, point out; to show
individuo individual

indudable indubitable, certain
inesperado, -a unexpected
infestar to infest
ingenio talent
ingenuo, -a naive
iniciación, la initiation
injusticia unjustice
injusto, -a unjust
inmediatamente immediately
inocencia innocence
inocente innocent
inquieto, -a restless
instante, el instant
instar to urge
instintivo, -a instinctive
insultar to insult
insulto insult
intención, la intention
intentar to try, attempt
intento attempt
interesado, -a interested; self-seeking
interesar to interest
interrumpir to interrupt
inútil useless, futile
inútilmente uselessly
inventar to invent, make up
investigar (gu) to investigate, research
invierno winter
ir (IR) to go
  irse to go away, leave
izquierdo, -a left

J

jamás ever, never
jefe, el chief
joven *(adj.)* young; *(m. & f. n.)* youth
joya jewel, gem
jugar (ue) (gu) to play *(a game)*
junto, -a together
jurar to swear, vow
justicia justice; police
  hacer justicia to let justice be served
justificable justifiable, justified
justo, -a just, fair
juzgar (gu) to try *(by court)*

L

labio lip
lado side
ladrar to bark
ladrar, el *(n.)* barking
ladrón, el thief, robber
lágrima tear
lamento lament
lanzarse (c) to rush forth
largo, -a long
lavar to wash, cleanse; to clear
lealtad, la loyalty
lección, la lesson
lecho bed
leer to read
lejos far
leña firewood
letrado lawyer
levantar to raise, lift
  levantar el rancho to break camp
ley, la law
liberar to free, liberate
libertad, la freedom
libre free
licencia permission; authority
ligereza nimbleness, quickness
ligerísimo, -a very quick, light, nimble
ligero, -a light; rapid, quick
limosna alms
limosnita *Diminutive of* **limosna**
limpiar to clean
limpio, -a clean, neat, tidy
linaje, el lineage, rank, background
lindo, -a beautiful, good-looking
lío bundle, pack
lisonjero, -a pleasing, flattering, adulatory
llamado, -a called, named
llamar to call; to name
llanto weeping

llegada arrival
llegar (gu) to arrive
llenar to fill
  llenarse to be filled
llevar to carry; to bring; to wear
llorar to weep, cry
llover (ue) to rain
lluvia rain
loco, -a crazy
lograr to achieve, accomplish; to succeed in
lo que what
lugar, el place, village
lugarcillo *Diminutive of* ***lugar***
lujo luxury
lujoso, -a luxurious
luminarias lights
luna moon
lunar, el mole
lunarcito *Diminutive of* ***lunar***
luz, la light

M

madre, la mother
mágico, -a magic
magnificencia magnificence
magnífico, -a magnificent
magullar to bruise
maitines, los matins *(morning prayers)*
mal, el *(n.)* evil
malo, -a bad, evil
mancebo young man
mandar to command, order; to send
manera manner, way, fashion
manía mania, obsession
mano, la hand
mantener (IR) to maintain, keep
maña skill, cleverness
mañana morning; tomorrow
  muy de mañanita very early in the morning
maravilla marvel, wonder
maravillar(se) to marvel, astound
marcha march
marchar to go; to walk; to march
marfil, el ivory
marido husband
marqués, el marquis
martillo hammer
martirio torture, grief
mas but
más more, most
mascar (qu) to chew
matar to kill
mayor greater, larger; greatest, largest
medianamente moderately
medida measure
  a medida que as, while
medio, -a half, mid
medio ambiente, el environment
mediodía, el noon
meditar to meditate
mejor better, best
melindre, el fastidiousness, affectation
memoria memory
mencionar to mention
menjunje, el medicinal mixture, concoction
menos less, fewer
mentir (ie) (i) to lie, falsify
mentira lie, falsehood
mentiroso, -a *(n.)* liar; *(adj.)* lying, deceitful
menudo, -a small, tiny
  a menudo often
merced, la mercy
  vuestra merced your honor, you
merecer (zc) to merit, deserve
mérito merit, worth, good deed
  hacer méritos to strive to be deserving
merodeo pillaging, act of plundering
mes, el month
mesón, el inn
metido, -a enclosed, inserted
miedo fear
mientras while

mil, un thousand
minuciosamente minutely
mirada look, glance
miramiento consideration
mirar to look at
mirón, -ona onlooker, spectator
miserable miserable
misericordia mercy
mismo, -a same, self
misterio mystery
mocica *Diminutive of* ***moza***
modo manner, way
modoso, -a well-behaved
molinero, -a *(n.)* miller
mollera crown or top of head
momento moment
monasterio monastery
moneda money, coin
montado, -a mounted
montaña mountain
montar to mount
monte, el hill
mordido, -a bitten
morir (ue) (u) to die
moro, -a *(n.)* Moor
mostrar (ue) to show
motivo motive
mover (ue) to move
moza young maiden
mozo young man
muchacha girl, young woman
mucho, -a much, a great deal; *(pl.)* many, a great deal
mudar to move; to change
muerto, -a dead
mujer, la woman; wife
mula mule
mundo world
muy very, too

N

nacido, -a born
nacimiento birth
nación, la nation; people
nada nothing
nadar to swim
nariz, la nose
nata cream
necesario, -a necessary
necesidad, la necessity
negar (ie) (gu) to deny
  negarse to refuse; to decline
ni nor
  ni . . . ni neither . . . nor
nieto, -a *(n.)* grandson, granddaughter
nieve, la snow
ningún, -una no, none, any
  ninguno no one, none
niña little girl
  niña del ojo pupil of the eye; *(fig.)* apple of one's eye
niño, -a *(n.)* little boy, little girl
noble noble
nobleza nobility
noche, la night
nómada nomadic
nombrar to name
nombre, el name
notar to notice, note
noticia news
notificar (qu) to notify
nueva news
nuevo, -a new
  de nuevo again
nunca ever, never

O

obedecer (zc) to obey
obligar (gu) to force; to obligate
obra work
obsequiar to present gifts
observar to observe
obstinarse to be obstinate
obtener (IR) to obtain; to get
ocasión, la occasion
ochavo small copper coin worth about one-half cent
occultar to hide, conceal
oculto, -a hidden

ocurrir to occur
ofender to offend, insult
oferta offer
ofrecer (zc) to offer
oído ear
ojo eye
olivar, el olive grove
olvidar to forget
opinar to express an opinion, have an opinion
opinión, la opinion
oponer(se) to oppose
oprimir to oppress; to crush
origen, el origin
originario, -a native
ornato adornment, ornament
oro gold
os *(fam. pl. direct and indirect obj. pr.)* you, to you
oscuro, -a dark
otro, -a other; another

P

padre, el father; *(pl.)* parents
pagar (gu) to pay
paja straw
paje, el page, valet
palabra word
palabrita *Diminutive of* ***palabra***
palacio palace
palidecer (zc) to turn pale
pan, el bread
panderete, el small tambourine
paño cloth
papel, el paper
par, el pair, equal
  sin par peerless
paraje, el place
parar(se) to stop
parecer (zc) to resemble; to seem; to appear
parecido, -a alike
pareja partner, mate
pariente *(n.; m. & f.)* relative
parte, la part; place
partícipe, el participant, partner
pasado past
partir to leave, depart
pasado past
pasado, -a passed
pasaje, el passage
pasar to pass; to go by
paso pace, step
patrón, el patron, protector, boss
pecado sin
pecho bosom, breast; chest
pedazo piece
pedido request
  a pedido de at the request of
pedir (i) to ask for; to beg
peinecillo little comb
pelear to fight
peligro danger
  correr peligro to be in danger, be risky
pelo hair
pelota ball
pellejo skin
pena grief, sorrow, anxiety; penalty, punishment
pendencia fight, struggle
pendiente, el earring, pendant
pensamiento thought
pensar (ie) to think; to intend
  ni por pienso not even by a thought
peor worse, worst
perder (ie) to lose
pérdida loss
perdidamente madly
perdón, el pardon
perdonar to pardon
perfectamente perfectly
perifollos ribbons, tawdry or gaudy ornaments of dress
perla pearl
permanecer (zc) to remain, stay
perro dog

persecución, la persecution
perseverante perseverant, persistent
perseverar to persevere, persist
persona person
pertenecer (zc) to belong
pesar to cause sorrow or grief; to weigh
pesar, el grief, sorrow
  a pesar de in spite of
pesaroso, -a sorrowful, sad
peso weight
peste, la pest, plague
pez, el fish
picar (qu) to prick; to sting
pie, el foot
piedra stone
pierna leg
pieza piece
  buena pieza fine fellow *(ironical)*
placer (zc) to please
plan, el plan
plata silver
plaza city square
plazo term, time limit
plática chat
platillo cymbal; saucer
pluma plume, feather; pen
poblado town
pobre poor
poco, -a little; *(pl.)* few
poder (IR) can, to be able
poderoso, -a powerful
poeta, el poet
pompa pomp
poner (IR) to put, place
  ponerse to put on; to become, get
poquito, -a very little
por by, through, for
porque because
¿por qué? why?
posible possible
postura posture, attitude
preceder to precede
preciado, -a valued, esteemed
precio price; reward; esteem
precioso, -a precious
preciso, -a precise, needed
  es preciso it is necessary
preferente preferable, preeminent
preferir (ie) (i) to prefer
pregonar to proclaim
pregunta question
preguntar to ask *(a question)*
premio prize, award
premura urgency, haste
prenda person dearly loved; jewel; spoils
prendado, -a captivated
prendarse de to take a fancy to, fall in love with
prender to seize; to arrest
preocupado, -a preoccupied, worried
preocuparse (de) to worry (about)
preparar to prepare
presa prize; capture, prey
presentar to present; to introduce
presente present
presionar to pressure; to press
preso, -a *(n.)* prisoner; *(adj.)* imprisoned, captured
presteza quickness, speed
presuntuoso, -a presumptuous, conceited
pretender to want; to intend
pretendiente, el suitor
primerito, -a *Diminutive of* ***primero, -a;*** very first
primero, -a first
primitivo, -a primitive
primoroso, -a elegant, exquisite
principal principal, important
príncipe, el prince
principio beginning
prisa hurry, haste
  con prisa in a hurry
probar (ue) to test; to prove
procurar to attempt

promesa promise
prometedor, -a promising
prometer to betroth; to promise
prometido, -a betrothed; promised
pronto *(adv.)* soon, immediately
pronto, -a *(adj.)* disposed, ready
propio, -a own
proponer (IR) to propose
próspero, -a prosperous
protegido, -a protected
provecho profit
provenir (IR) to come from
providencia providence
provisto, -a provided
provocado, -a provoked
próximo, -a next, near
proyecto project, plan
prudente prudent, wise
prueba test, proof, evidence
público, -a public
pueblo town, village; people
puerta door
puerto port, haven, harbor
pues since, then, for, so
puesto, -a put, placed
  llevar puesto, -a to wear
pulido, -a polished, genteel, courteous
punto point, place
puntual punctual
puñado handful
puro, -a pure

Q
que that, than, for, who
¿qué? what?
quedar to remain
  quedarse to stay
querer (IR) to want; to love
querido, -a loved, beloved, dear; wanted
quien who
  (a) quien whom
¿quién? who?
quitarse to take off; to remove
quizás perhaps

R
rama bough, branch
rancho camp
rareza rarity
raro, -a rare, unusual
rato while, short time
raya line
razón, la reason, explanation
  con razón rightly
  tener razón to be right, to have a reason for
reacción, la reaction
reaccionar to react
real royal
realzar (c) to heighten
reaparecer (zc) to reappear
recaer to fall back
recelo misgivings
receloso, -a distrustful, suspicious
recibir to receive
reciente recent
recobrar to recover
recogerse (j) to take shelter
reconocer (zc) to recognize
recordar (ue) to remember; to cause to remember
recuerdo memory
recurrir to resort to
referir(se) (ie) (i) to refer
regalar to give; to present; to regale
regalo gift
registrar to search; to examine
regocijo rejoicing
rehusar to refuse
reina queen
reír (i) to laugh
relacionado, -a related
relámpago lightning flash
relatar to narrate, tell
relato story
relucir (zc) to shine, glitter
remojo soaking
rendido, -a conquered; exhausted
repartir to divide; to distribute
repentino, -a sudden

repiquetear to chime, ring; to click and roll *(castanets)*
replicar (qu) to reply
reponer (IR) to replace
  reponerse to recover, get over
repugnancia repugnance
requisito requisite, requirement
resistir to resist; to bear, endure
respetable respectable, worthy
respetado, -a respected
respirar to breathe
responder to reply
respuesta reply, answer
resuelto, -a resolved, determined
resultar to result
retrato portrait, picture
reunido, -a gathered, assembled
reunir to gather, assemble
revelar to reveal
revuelta rebellion, revolt
rey, el king
ricamente richly
rico, -a rich
rigor strictness
  de rigor obligatory, necessary
rincón, el corner
rinconcito *Diminutive of* **rincón**
río river
riquezas wealth
risa laughter
robar to rob, steal
rodeado, -a surrounded
rogar (ue) (gu) to beg, plead
rojo, -a red
romance, el ballad
romancero ballad singer
romero rosemary
romper to break
rondar to go around
ropa clothes, clothing
rostro face
ruboroso, -a bashful, blushing
rudeza roughness
ruego pleading, request
rumbo destination, direction
  con rumbo a with the destination of, bound for
rumboso, -a liberal, generous

S

saber (IR) to know (how)
sabroso, -a delightful, tasty
sacar (qu) to draw out, take our, remove
  sacar una conclusión to draw a conclusion
sacerdote, el priest
sacrificio sacrifice
sagrado, -a sacred, holy
saleroso, -a witty, amusing
salir (IR) to leave, go out
salón, el drawing room, parlor
saltar to jump
salteador, -a *(n.)* robber
  salteador de caminos highwayman
salvar to save
santo, -a *(n.)* saint; *(adj.)* holy
satisfacción, la satisfaction
satisfecho, -a satisfied
secretamente secretly
secreto *(n.)* secret
secreto, -a *(adj.)* secret
seda silk
seguida
  en seguida immediately
seguidilla Spanish dance and tune
seguir (i) to follow; to continue
según according to
segundo, -a second
seguramente surely, probably
seguridad, la security, safety; assurance
seguro, -a safe, secure; sure
selva forest
semana week
sembrado sown ground, cultivated field
semejante similar

sencillez, la simplicity
sentar (ie) to seat
sentido sense, consciousness
sentir (ie) (i) to feel
señal, la signal, sign
señalar to point out
señas address
señor sir, Mr., gentleman
Señor Lord
señora madam, lady
señoría lordship
separar to separate
ser (IR) to be
ser, el being
servir (i) to serve; to work for
si if
sí yes, indeed; *(ref. pron.)* himself, herself, etc.
siempre always
siglo century
significar (qu) to mean, signify
siguiente following
singular singular, unique, particular
sino but
siquiera even
sitio place
sobrar to exceed; to have in excess
sobre over, on, upon, above
sobresaltarse to be startled, be surprised
sobresalto surprise; sudden dread
socorro help
sol, el sun
soldado soldier
soler (ue) to be accustomed to, be in the habit of
solo single, alone, only
sólo only
soltar (ue) to emit; to give off
sombrero hat
someter to subject; to submit
sometido, -a submitted, subjected
son, el sound
sonaja tambourine
sonar (ue) to sound; to ring
soneto sonnet
sonetico *Diminutive of* ***soneto***
sonreír (i) to smile
soñar (ue) to dream
soplar to blow
soportar to bear, stand, endure
sorprender to surprise
sorprendido, -a surprised
sosegar (ie) to quiet, calm
sospecha suspicion
sospechar to suspect
sostener (IR) to sustain, hold up
soto grove, thicket
subir to go up
suceder to happen, take place
suceso event, happening
suelo ground, floor
sueño dream
suficiente sufficient
sufrimiento suffering
sufrir to suffer, endure
sujetar to restrain; to hold
suntuoso, -a sumptuous, luxurious
superar to pass, overcome, surmount
súplica supplication, pleading
suplicante supplicating, begging
suplicar (qu) to supplicate, entreat, beg
suplicio torture, execution
suspender to suspend; to postpone
suspenso, -a suspense
suspirar to sigh
suspiro sigh
susto fright, scare, shock
  pasar un susto to be frightened
sutileza subtlety

T

tal such
  con tal que provided that, as long as
talle, el figure, shape

también also, too
tamboril, el timbrel, tambourine
tampoco neither
tan so, as
tantico *Diminutive of* ***tanto***
tanto, -a so much; *(pl.)* so many
  en tanto meanwhile
  estar al tanto to be aware, to be up to date
  un tanto a bit
tañer to play *(a musical instrument)*
tardar to delay
tarde *(adj.)* late
tarde, la afternoon, evening
techo roof, ceiling
temer to fear
temeroso, -a fearful, afraid
temor, el fear
tenazas pliers, tongs
tener (IR) to have
terciopelo velvet
terminado, -a ended, finished
término end, termination, conclusion; period, term
terreno ground
tesoro treasure
testigo witness
testimonio testimony
tiempo time
tienda store; tent
tiernamente tenderly
tierno, -a tender
tierra land, ground, earth
tinaja earthen barrel
tirar to throw; to pitch
tocar (qu) to touch; to play *(a musical instrument)*
todavía still, yet; even
todito *Diminutive of* ***todo;*** all, every bit
todo, -a all; *(pl.)* all, everybody
toldo hut
tomar to take; to drink
tonto, -a foolish, silly
topar to run into, run across
tornar to return; to turn
toro bull
trabajo work
trabar to bind; to engage
traer (IR) to bring
traje, el suit, dress
tramado, -a plotted
trampa trap, trick, snare
tramposo, -a swindling, cheating
trance
  a todo trance resolutely, by all means, no matter what
tranquilizar (c) to calm, quiet
tranquilo, -a tranquil, quiet
transcurrir to pass away
trapacero, -a *(n.)* trickster, cheater
tras behind, after
trasladar to move, transfer
tratar to treat, deal with, refer to; to try
  tratar de + *noun* to address as
traza trick
tremendo, -a tremendous
trenzar (c) to weave
triste sad
tristeza sadness
triunfo triumph
tropa troop
trueno thunder
tunante, el rascal, rogue
turbarse to be disquieted

U

último, -a last
único, -a only, single, unique
unir to join, unite
urgir (j) to be urgent, be pressing
usar to use; to practice
uso use, custom

V

vacilar to hesitate
vaina sheath

valer (g) to be worth
valeroso, -a valiant, brave, courageous
valioso, -a valuable
valor, el valor; value
valorar to appreciate, appraise
valle, el valley, vale
vallecito *Diminutive of* ***valle***
vano, -a vain
  en vano in vain
vecino, -a *(n.)* neighbor
vendar to bandage
  vendar los ojos to blindfold
vengador, -a *(n.)* avenger
venganza vengeance, revenge
vengar(se) (gu) to avenge, get revenge
ventaja advantage
venir (IR) to come
venta inn
ventana window
ver (IR) to see
verano summer
verdad, la truth
verdaderamente truly
verdadero, -a true, real, truthful
verde green
verso line of poetry; *(pl.)* poem
vestido dress, attire
vestido, -a dressed
vestir(se) (i) to dress
vez, la time
  a la vez at the same time
  cada vez every time
  en vez de instead of
  una vez once, one time
viaje, el trip, journey
vida life
viejo, -a *(n.)* old man, old woman; *(adj.)* old
villa city, town, village
viña vineyard
virtud, la virtue
víspera eve
vista sight
viuda widow
vivamente vividly, lively, spiritedly
vivir to live
vivo, -a living, live, alive
volar (ue) to fly
voluntad, la will
volver (ue) to return
  volverse to become; to return
vos *(pl. pron.)* you, ye
voz, la voice
  dar voces to cry out
vuelo flight
vuelta return; turn
vuestro, -a your

Y

y and
ya already, now

Z

zambra merrymaking, party